Né en 1962 à Pau, **Olivier Deck** *est passionné par toutes les formes d'écriture. Depuis 1999, il publie régulièrement des romans et des nouvelles aux éditions du Rocher, Verdier et Albin Michel, dont* La Neige éternelle, *prix Chronos 2007, également paru en Terre de Poche.*

Les Chopines

Du même auteur

Chez De Borée

Cancans
La Neige éternelle
Les Rumeurs du Gave
L'Auberge des Charmilles

Chez d'autres éditeurs

La Voie ferrée
Le Vin d'Al-Andalus
Emportés par le siècle
L'Homme sans rire
Toréer quand même
Landes

Imprimé en U.E. en septembre 2011
Dépôt légal : octobre 2011
ISBN : 978-2-8129-0501-8

Olivier Deck

Les Chopines

De Borée
Terre de poche

à Marion

BON, JEANNOT s'est gouré. On va pas en faire un fromage. Il hésite, piétine près de la table, le plateau en équilibre sur une main. Les trois clients ne mouftent pas. Jules toussote, saloperie de rhume. Léopold se mouche. Francis mâchouille sa cigarette éteinte. Enfin, Jeannot pose la chopine de rouge au milieu. Puis les verres, autour. Quatre verres pour trois clients. Un verre de trop. Jeannot le tripote entre ses doigts indécis.

– Tu t'es bourré, tu t'es bourré, dit Francis. On va pas en faire un flan, mets-le quand même, son verre !

Les deux autres entérinent, qui d'un grognement, qui d'un haussement d'épaules.

Alors Jeannot claque le verre devant la quatrième chaise. La chaise vide. Celle de Victor, qu'on enterrait cet après-midi.

– Et la champagnette de rosé ? demande-t-il en tenant par le goulot la demi-bouteille de rosé-limonade sans savoir quoi faire, la laisser ou la ramener.

– Tant que t'y es, laisse-la aussi ! dit Francis. On boira à sa santé.

– Plutôt, à sa mémoire ! corrige Léopold.

– Moi, ajoute Francis, j'en prenais que pour l'accompagner, j'ai jamais été très fort au rosé… Maintenant qu'il est plus là, je boirai que du rouge, comme tout le monde.

– Tu fais bien ! enchaîne Léopold. Le rosé, c'est ça qui l'a tué !

– Ouais ! enchérit Jules en regardant Francis. Toi, de toute façon, t'as un évier là !

Il ouvre la bouche et désigne sa glotte avec l'index.

Jeannot s'éloigne en traînant les pieds, repasse derrière le comptoir, range le plateau et s'installe sur le tabouret, derrière la machine à café. Il chausse ses lunettes et poursuit la lecture du journal.

– On devrait continuer comme ça pendant quelques jours, dit Léopold, le temps de s'habituer. On lui sert son verre et on fait comme s'il était parti pisser.

– Ouais ! dit Jules, en laissant aller un œil sans flamme sur la chaise vide de Victor. Là où il est, il s'en fout maintenant.

– Lui peut-être, dit Francis, mais moi pas. Et son rosé, à la fin, qui va le boire ? On laissera le verre plein ?

Léopold ricane en s'essuyant les lèvres d'un revers de main d'ébéniste, où manquent trois doigts.

– Toi, au moins, tu vas pas crever de soif, pas une goutte qui se perd. C'est d'arroser ton maïs toute la journée qui te dessèche ?

Jules en rajoute :

– En plus du rosé, tu nous pompes toute l'eau des rivières ! Si ça continue, on les pêchera plus, les poissons, on les ramassera, comme des champignons, et moi, j'aurais plus qu'à plier mes cannes !

– Au lieu d'aller à la pêche, tu tresseras des paniers ! rigole Francis.

– Allez, bois ! dit Léopold, c'est meilleur frais.

– Au moins, quand on boit, on dit pas de conneries ! ajoute Jules avant d'écluser son verre.

Victor est mort, il y a deux jours. *Infractus*, comme dit Francis. Il était connu pis que le loup blanc, par ici. Une notoriété acquise pendant la guerre. Il a fait dérailler au moins dix trains, à lui tout seul. C'est le genre de truc qui te reste, qui colle à toi mieux qu'une étiquette. Nom de code : Prosper, pour dire Prosper youplaboum ! Comme quoi, les bombes ne tuent pas l'humour.

De son activité de résistant, Victor avait conçu une véritable vocation, un amour pour le chemin de fer. En réalité, faire péter les trains pendant toutes ces années avait fini par lui donner un sentiment d'autorité, de puissance sur le réseau ferroviaire. Alors, quand les Fridolins ont plié bagage, il s'est senti dépossédé, dégradé, inutile. Comme il n'avait pas l'âme à dévaliser les wagons postaux, il choisit le métier humble et précieux de garde-barrière, récupérant un pouvoir, non dans le sens de la voie, mais perpendiculairement.

Depuis la Libération jusqu'à l'invention des passages à niveau automatiques, il a filé le parfait amour avec le rail. Agitant la cloche, tournant gaiement ses manivelles, au début, puis actionnant alarme et barrières électriques par la suite. Les jours de grève, quand les trains ne passaient pas, il en perdait l'appétit, devenait tout triste. Le soir, à la chopine, on ne le reconnaissait pas. Jeannot avait beau le houspiller, Léopold lui dire : t'en fais pas, elle va revenir, ta belle locomotive… rien à faire, la déprime, le spleen. Une idylle, quoi. La seule de sa vie.

D'ailleurs, pour tout dire, Victor se pointait toujours après les autres, à la chopine. Pas en retard, non, tu penses, un garde-barrière ne connaît pas le retard, une véritable horloge dans le ciboulot, ces types-là, ils sont réglés sur les trains. Le 18 h 03 tombait en plein quand il fallait pas, alors Victor attendait patiemment, relevait sa barrière et venait au bistrot. Il avait la conscience de son métier. Jamais un pépin, en trente-cinq ans de bons et ponctuels services. Sauf une année, un suicide. À 18 h 02 minutes et 58 secondes, une espèce de secouée du carafon franchit la barrière et bing !… L'Irun-Vintimille dans la poire. Là, on pouvait pas mettre en doute le sérieux de Victor. Ça nous l'a quand même un peu contrarié, qu'on vienne se jeter sous le train à ses fenêtres.

Après le coup de bourre de 18 h 03, plus rien pendant une heure. Le temps de se remettre. Soit deux champagnettes de rosé. Cette heure-là n'aura pas arrangé sa tuyauterie.

Léopold le dit toujours : le rosé, c'est mortel.

Au fond, les trois habitués de chez Jeannot sont émus, mais ces choses ne se montrent pas, entre hommes. Quand Jeannot s'est gouré, qu'il a servi la champagnette de Victor et qu'il a mis le verre désormais surnuméraire sur la table, cette putain de chaise vide a paru encore plus vide. Soudain, il y a eu un trou, là, sur la chaise en question. Et dans la conversation, dans les mots, aussi. Un manque, une absence terrible. Les vieilles paupières des trois copains ont tremblоté, les regards se sont mis à scintiller, et quand Jules a reniflé en disant saloperie de rhume, tout le monde a fait semblant d'y croire.

Heureusement que Léopold était là. Il a toujours de bonnes idées, Léopold, toujours le mot, le geste qu'il faut. Adroit, tout simplement. Tout le monde le disait, du temps qu'il était ébéniste.

En réalité, c'est pas le 18 h 03 qui a tué Victor. Non, c'est le TGV ! Il y a trois jours, Alain – serveur chez Jeannot depuis un mois – lui a rendu visite, histoire de sympathiser. Victor a tenu à lui montrer l'ancien poste de garde-barrière, la manivelle et tout et tout. Tous les nouveaux y ont droit. À ce qu'on sait, Victor lui aurait fait visiter le passage à niveau juste à l'heure du Dax-Lourdes. La loco aurait même frôlé Alain. Ce Victor, toujours besoin d'en rajouter pour épater son monde. Ensuite, ils auraient bu un coup en parlant de la pluie et du beau temps, et la discussion serait revenue sur les trains, comme toujours avec Victor. Alain lui aurait dit qu'à cause du TGV, il fallait s'attendre à de grands travaux sur la voie, parce qu'on allait supprimer tous les passages à niveau. Même les passages à niveau automatiques, dont l'invention constituait déjà le plus funeste souvenir du garde-barrière. Les voitures passeraient bientôt par-dessous, ou par-dessus, pour que le train puisse filer en toute sécurité, et sans ralentir.

Victor n'a pas supporté. Son sang n'a fait qu'un tour. Le dernier.

DÉJÀ QUATRE JOURS que Victor a passé l'arme à gauche.
Les autres se retrouvent après le déjeuner, comme d'habitude, le dimanche. L'après-midi est réservé à la partie de coinchée. Pas question de sauter un tour. Finalement – on se fait à tout – ils commencent à l'oublier, ce verre de rosé qui ne se vide plus. Sauf au moment de partir, où Francis se le siffle d'un trait, « juste pour la route ! » Il n'y a pas perdu, le Francis. Non seulement il se cogne la chopine des deux autres, mais il boit aussi toute la champagnette, que Jeannot ne peut pas se résoudre à ne pas servir. Il est joli, après, pour prendre le volant !

Léopold déplie le tapis vert et répartit les jetons, tandis que Jules bat les cartes et les distribue. Chacun classe son jeu, laisse traîner des œillades en coin pour voir justement s'il n'y a pas des regards qui flânent et Francis, l'éternel partenaire de feu Victor, se met distraitement à pester après lui :

– Qu'est-ce qu'y fout ?

Il gueule en direction des W.-C. :

– Alors, Victor, t'es bloqué, tu veux de l'aide ou quoi ?

Puis il plonge le nez vers son jeu, bien calé sur l'estomac, en secouant le chef de droite à gauche, comme pour dire : ce Victor, changera jamais, toujours besoin d'aller pisser au moment où ça commence, tu crois pas qu'il pourrait prévoir, y aller un peu avant ?

Victor ne répond pas, évidemment.

Un grand silence tombe au milieu de la table. Les trois paires d'yeux convergent vers les cartes du garde-barrière, encore en désordre en face de la chaise vide et du verre plein.

– Merde ! dit Francis. J'avais oublié, il est mort, ce con !

– Moi aussi, fait Léopold sans quitter ses cartes des yeux.

– Quoi ? dit Francis. T'es pas mort, toi, puisque tu parles !

– J'ai pas dit que j'étais mort, j'ai dit que moi aussi, j'avais oublié !

Jules replie l'éventail de son jeu :

– On fait quoi, on laisse tomber ?

Les trois se tournent vers Jeannot, qui écoute les résultats du tiercé, à demi assoupi sur le tabouret, derrière le percolateur.

– Dis, Jeannot, y a longtemps que t'as pas tapé le carton...

Le patron n'a pas besoin d'un dessin :

– Boh, y a pas foule, s'il vous manque un quatrième...

Il approche en traînant la savate, s'installe à la chaise libre et regarde le jeu.

Dès qu'il a évalué les cartes du défunt, allez, disons les siennes, Jeannot prend un peu trop ostensiblement l'air décontracté. Ça sent le roussi. Du coup, les autres, eux, se contractent. On le sait, Victor touchait toujours un jeu pas possible. Pas grand technicien, mais une veine de cocu. Lui qui se foutait toujours des chefs de gare... La tension monte. Jeannot respire un grand coup, s'envoie machinalement la moitié du verre de rosé et lance un clin d'œil à Francis.

– Cent vingt, cœur ! annonce-t-il en cachant du mieux qu'il peut une moue de satisfaction, qui elle-même dissimule sans aucun doute une mine triomphale.

Francis n'a pas l'habitude de jouer à la coinchée avec Jeannot, alors il a du mal à suivre. Avec Victor, c'était du gâteau. Une équipe de belote constituée depuis si longtemps, tu parles ! Le visage du partenaire reflète le jeu mieux qu'un miroir. Et tous les sens sont aux aguets pour surveiller l'adversaire. Le moindre mot devient suspect, le plus infime mouvement est repéré par l'ennemi, sujet à contestation, prétexte à annulation, motif de controverse, surtout si à ce moment-là on se trouve soi-même mal servi. Une paupière qui cille, une narine qui se retrousse, un soupir un peu appuyé, une déglutition sonore, un, deux doigts qui grattent les cheveux (un peu facile, celle-là !), telle ou telle main qui soulève le verre, un roulement d'épaule, un recalage sur la chaise, une phrase apparemment anodine qui commence par « bon… », ou par « bien… », ou par « moi… », ou par « toi tu… », le côté de la bouche où Francis porte la cigarette (à gauche : trèfle, à droite : pique, au milieu : cœur. Et s'il ne la porte pas à la bouche après avoir regardé son jeu, alors : carreau. Pour annoncer la carte exacte, il tapote sur la clope au-dessus du cendrier, un nombre précis de fois : un égale As, deux égale Valet, trois égale Dame, quatre égale Roi, sept égale Sept, etc.)...

Pour bien jouer à la coinchée, connaître les règles ne suffit pas !

Dire que les cartes consolident les relations humaines peut paraître exagéré. En revanche, on peut affirmer sans crainte que maintenir une table de cartes pendant tant d'années apporte la preuve irréfutable de l'estime qui lie les joueurs. Comme dit souvent Léopold : « Pour survivre à plus de trois dimanches de belote, l'amitié doit être taillée dans le cœur, pas dans l'aubier ! »

Le problème du joueur de cartes, c'est qu'il ne conçoit pas de perdre. Une partie perdue reste en travers toute la semaine. Parfois la vie entière. La défaite est toujours attribuée à un coup tordu de l'adversaire et si l'évidence du contraire s'impose, alors la fronde menace entre les partenaires d'une même équipe.

Léopold, âpre joueur, ne souffre pas le moindre point concédé. On ne le reconnaît plus. Lui d'habitude si pondéré, si doux. Quant à Jules, n'en parlons pas. Une usine à gaz, une cocotte-minute. De grosses veines apparaissent sur ses tempes, il souffle comme une baleine et peste entre ses dents. Dès que Jules – l'éternel équipier de Léopold – abat une carte, quelle qu'elle soit, Léopold lève les yeux et implore les saints. Jules bout, trépigne, étouffe de rage. Après la partie, il critique systématiquement toutes les options de Léopold. Quand elle a un « après », la partie. Souvent, tout part en sucette, les cartes volent, on se lève, on ne se salue même pas, on fait des commentaires aux murs, au ciel, aux platanes de la place, on rouscaille sur le chemin de la maison.

Heureusement, Jeannot ferme le lundi, ce qui permet à tout le monde de retrouver ses esprits.

Dès le mardi matin, jour du petit déjeuner à la fourchette, ils se retrouvent comme si de rien n'était. Copains comme cochons.

Un jour, cependant, on a bien cru que tout allait mal finir. C'était du temps où Léopold travaillait encore, juste un an avant la retraite, le lendemain du jour où il s'est coupé pour la dernière fois un doigt à la toupie. Ou le surlendemain.

Il avait une énorme poupée à la place de l'index de la main droite, ce qui lui interdisait un signe essentiel, celui qui indiquait à Jules qu'il ne fallait pas ouvrir à l'atout. Jules avait bien vu la poupée remuer, mais pour dire si elle allait de gauche à droite ou bien de bas en haut, là… Donc Jules se plante, lance à l'atout et déclenche l'incident. Léopold, au grand étonnement de tout le monde, balance son jeu sur le tapis en gueulant :

– Mais c'est pas possible d'être aussi bouché, nom de Dieu de nom de Dieu ! La vie sera trop courte pour que tu comprennes quelque chose à la coinchée !

Sur quoi Jules se vexe, réaction coutumière de sa part, et tape si fort sur la table qu'il envoie valdinguer tous les verres.

L'échauffourée enflait gravement quand Josette, qui pointait pourtant rarement le nez hors de sa cuisine, était intervenue pour calmer les esprits.

– T'as de la chance d'être diminué ! avait dit Jules à Léopold, stigmatisant le handicap digital de son partenaire sur le ton de la perfidie et de la menace, tout en se rasseyant, tandis que Jeannot passait l'éponge sans broncher.

Ensuite, après discussion, la saute d'humeur de Léopold avait été mise sur le compte de sa blessure.

– Les amestésiques… avait dit Francis. Rien de tel pour te rendre un bonhomme teigneux, ces cochonneries !

– En plus, avait ajouté le pauvre Victor – paix à son âme –, j'en connais qui ne se sont jamais réveillés, avec ces trucs !

Pour détourner la conversation, ils avaient enchaîné sur l'histoire des frères Laboudigue, des jumeaux qui ne se parlaient plus depuis cette funeste partie de cartes où ils s'étaient engueulés à propos d'une coupe franche mal tombée.

– La belote, faut se méfier, ça te sèmerait la tétanie dans les familles ! avait conclu Francis qui se voulait fin diplomate.

CES DERNIERS TEMPS, Jeannot les collectionne, comme s'il faisait exprès. Alain – le nouveau – lui fourre toujours des idées à la noix dans la tête et Jeannot s'imagine qu'il va faire de son troquet un café branché. Les mastroquets, de nos jours, ne savent plus comment vendre leur soupe. Comme le picrate commence à être mal vu, il faut bien inventer autre chose pour appâter le chaland. Alors on change le décor, on repeint. Au lieu de laisser les anciens clients dans leurs murs, on consulte les pages jaunes de l'annuaire pour trouver un décorateur à la mode et vas-y que je te colore tout en mandarine-pêche avec des appliques inox et des reproductions de vieilles affiches de réclame d'alcool à la quinine, et des fausses plaques émaillées vantant les mérites de tel ou tel chocolat, ce qui est un comble, puisque la génération précédente a balancé les originales en criant : « Quelle horreur ! » Comptez sur personne pour tirer la leçon.

Dix-huit heures sonnent. Les chopines débarquent.

Jeannot, comme par hasard, s'est absenté. Sous l'influence du nouveau serveur, il déraille quand même un peu. Ce coup-ci, nous allons droit vers la pire engueulade qu'ait connue le troquet.

Le nouveau tient le manche. Francis passe la porte le premier et là, au lieu de la table habituelle, il tombe sur quoi ? Un billard électrique. Tout pâle, il reflue à l'extérieur et se met à bégayer :

– Pu… pupuputain, i… iiiiiil a…

Jules, encore sur le trottoir, se marre :

– Hé ! t'as le réservoir vide, tu vas caler !

Il entre et pousse un cri :

– Ah le con !

Quand il découvre à son tour le flipper, il devient pivoine, ses carotides gonflent à exploser, ses lèvres virent au blanc. Il s'adresse à Alain, négligemment occupé à balayer le couloir qui mène à la cuisine :

– C'est de toi, cette idée ?

Le nouveau répond, un rien ennuyé :

– Ben, les jeunes ne viennent pas beaucoup, ici, et…

– Où est Jeannot ? tranche Jules dont les yeux roulent dans tous les sens.

Il bouscule le blanc-bec et rugit :

– Où es-tu, traître ?

Il franchit en trois pas le couloir, déboule dans la cuisine où Josette épluche des pommes pour la compote. « Où est-il ? », comme s'il allait tout casser.

Josette le regarde par-dessus les lunettes :

– Jules, qu'est-ce que t'as ? T'es rouge comme une pipérade. Où il est qui ? Jeannot ?

Elle croque un quartier de pomme, et continue en mastiquant :

– Il est parti chez toi, justement, pour chercher un moulinet que tu dois lui réparer depuis des lustres.

Jules, décontenancé par l'aplomb de Josette, en oublie un instant l'histoire du billard électrique, songe à retourner chez lui, ne sait plus tellement ce qu'il veut.

Il entend la voix de Francis :

– Oh, Jules, viens par là, on part !

Dans l'intermède, Léopold est arrivé. Francis regardait les pointes de ses chaussures, sans oser le prévenir, alors l'ébéniste a découvert tout seul le déménagement en question. Il a pris sa casquette dans ses mains rognées par une vie d'ébénisterie, il a regardé l'engin et a dit « Nom de Dieu ! » dans un souffle. Puis il s'est ressaisi, a remis sa casquette et s'est adressé aux copains :

– Messieurs, nous n'avons plus rien à faire ici !

Ensuite, il est ressorti, et les deux autres ont suivi.

Le palpitant de Jules en a pris un coup. Il s'énerve trop, Jules, on lui a dit mille fois. En traversant la rue, il tousse, il peste, il ne trouve plus ses esprits. Au beau milieu de la chaussée, tout le monde s'arrête.

– Qu'est-ce qu'on fait ? On va pas aller chez Marcelle, quand même !

– Et où tu veux qu'on aille ?

Ils se regardent, hésitent, pèsent le pour et le contre. Léopold, perdu dans ses pensées, compte quelques pas de retard sur les autres, quand une voiture lancée à vive allure surgit.

Sans se mouvoir d'un pas, il observe, étonné, le véhicule piquer du nez avec un douloureux crissement de freins. Le conducteur parvient à immobiliser sa machine à moins d'un mètre de l'ébéniste rêveur :

– Eh bé oh ! j'ai cru qu'il me rentrait dedans, ce Fangio !

Le chauffard est un jeune excité que les chopines surnomment Bouboum, parce qu'en conduisant, il écoute une musique de sauvage qui fait boum ! boum ! Toutes vitres baissées, ça va sans dire, pour que le voisinage en profite.

Il gueule des horreurs que le volume sonore de son autoradio absorbe. Léopold fait signe à Bouboum qu'il est zinzin et achève calmement de traverser la rue, sans prêter attention aux volées de bois vert que le mélomane sourdingue lui adresse.

– Je sais pas où ils courent, tous, mais ils y courent ! dit Jules dont le visage a repris des couleurs normales.

Quand sonnent les clochettes de la porte d'entrée de chez Marcelle, les mouches se posent.

– Hep ! lance Jules en se découvrant.

La patronne, ébahie, arrête un instant d'astiquer les chromes de la pompe à bière.

– Il est mort, en face, ou quoi ? fait-elle.

– Non, non, on avait juste envie de changer un peu, dit Léopold en prenant place à une table située comme ils aiment – un peu à part, un peu vue sur tout.

– T'es pas contente de nous voir, Marcelle ? Une fois n'est pas coutume...

– Ben si je m'y attendais, à celle-là ! En trente ans, vous n'êtes venus ici que pendant la guerre, parce qu'en face, il servait les frisés ! Et encore, trente ans, je suis courte...

Marcelle soulève le cendrier d'une main et de l'autre nettoie la table avec le chiffon humide qui lui servait à faire luire les chromes de la pompe à bière.

– Ce sera quoi, messieurs ?

Jules passe commande :

– Une chopine de rouge et une champagnette de rosé, s'il te plaît.

– Non, dit Francis, laisse tomber le rosé, t'as qu'à mettre deux chopines de rouge.

– Bon, fait Marcelle, un litre, c'est pareil, hein ?

– Non, non, insiste Léopold, deux chopines, c'est mieux.

– Chez moi, une demi plus une demi, ça fait une !

– Pour toi peut-être, pas pour nous !

– Comme vous voudrez, messieurs…

Mignonnet, le troquet de Marcelle, avec des rideaux aux fenêtres, des fleurs dans des jardinières, des photos des équipes de pétanque du club local, dont certaines très anciennes, et des coupes, des trophées, des médailles sur des étagères. La pièce sent l'eau de javel et l'encaustique, car le sol est carrelé et le comptoir en bois.

– Ah le salaud ! soupire Jules, histoire de remettre Jeannot sur le tapis.

– Ouais ! ajoute Léopold laconiquement.

Francis, qui a déjà éclusé toute une chopine, laisse monter sa colère :

– Moi, j'y fous plus les pieds, fini, ter-mi-né. Ce jeune trou de balle de nouveau serveur lui tourne la tête, il finira par nous servir du Petsi-Cola, si on n'y met pas le holà !

Derrière son comptoir, Marcelle boit du petit lait en se léchant les doigts pour tourner plus commodément les pages de *Vie des altesses,* sa revue préférée.

Comme elle demande quelques explications, négligemment, sans lever les yeux – ou alors à peine, au-dessus des lunettes –, histoire de se tenir au courant, les trois compères s'épanchent à l'envi, clouant Jeannot et Josette au pilori, jurant par tous les dieux qu'ils ne franchiraient plus le seuil du troquet d'en face…

– D'ailleurs, dit Francis, c'est vrai qu'il est un peu vieillot, à côté d'ici…

Il compose une moue admirative en baissant les commissures, avant d'ajouter :

– Parce qu'ici, chapeau !

Et tous les trois de complimenter la patronne pour son goût exquis et la tenue admirable de son établissement.

Soyons clairs, si les chopines ont leurs quartiers en face depuis tout ce temps, il y a une bonne raison. Et même plusieurs ! Ce n'est pas la qualité du pinard qui fait la différence, avec ce genre de clients. Non, il y a autre chose. Quand on regarde Marcelle plus attentivement, on voit bien qu'elle a encore ces beaux yeux noirs qui firent chavirer les cœurs de tous les garçons du quartier, autrefois. Et cette peau si douce. Il y a des choses que le temps n'altère pas, non. La douceur de la peau de Marcelle ne s'en ira jamais de la mémoire de ceux qui eurent le privilège de la caresser. Peau de pêche, l'appelait-on. Et comme Marcelle n'était pas farouche, il y en a plus d'un qui soupire, dans les parages.

Francis, Léopold et Jules n'en ont jamais parlé ouvertement, mais leur expérience commune, dans la vie, ne se limite pas à l'heure de la chopine et à la belote coinchée.

Même Victor. Personne ne sait exactement, on n'en est pas sûr sûr, mais maintenant qu'il est mort, on peut le dire, lui et Marcelle…

LÉOPOLD S'ACHEMINE, il sera bientôt dix-huit heures.

Le nez en l'air, il observe deux tourterelles qui volent au-dessus de la rue. Leurs ailes claquent, elles changent brusquement de direction, plongent, remontent en flèche, tombent en piqué. Puis elles se posent sur les fils du téléphone pour se mettre à copuler en maintenant leur équilibre à grands coups d'ailes.

Léopold emplit et vide ses poumons, puis reprend sa marche en constatant soudain qu'il est sur le mauvais trottoir, pour aller chez Marcelle.

Fébus, le chien de Jeannot, comme toujours avachi sur le seuil du bistrot de son maître, regarde le vieil habitué traverser la rue, s'étonne, se lève, s'étire et rejoint en trottinant la brebis qui s'égare. Mais Léopold ne baisse pas le nez. Le chien, marri de se voir privé de la caresse rituelle donc due, laisse Léopold sur son mauvais trottoir – selon lui – et regagne sa place. La voiture de Bouboum passe en rugissant. Le piéton nonchalant s'arrête, relève du pouce la visière de sa casquette et hausse les épaules, tandis que Bouboum lâche le volant et fait un bras d'honneur, avant de donner du klaxon, sur l'air de la *Cucaracha.*

Léopold pose une main tremblante sur la poignée de la porte du bistrot de Marcelle. Ses vieilles tripes se nouent. Les fricotages d'antan, on croit que c'est de la vieille histoire, tout juste bon à soupirer sur sa propre jeunesse, à radoter quand la nostalgie vous serre les entrailles. Certains sont des collectionneurs d'aventures, d'autres de simples consommateurs, d'autres encore se consolent très bien dans les bras d'une autre. Léopold n'est pas de cette trempe, non. Il ne s'est jamais marié, Léopold, parce qu'il n'a jamais aimé une autre femme que Marcelle. Et ça, qui s'en douterait ? On se rappelle bien qu'ils ont eu une histoire, tous les deux. Mais c'était autrefois. Il y a longtemps. À cette époque, Marcelle cultivait tous les avantages de son regard et de ses rondeurs. Et sa mère ne la privait pas de conseils éclairés. « Les hanches, disait-elle, ça n'a qu'un temps. Qu'est-ce que tu fiches avec ce garçon ? Ton Léopold n'a pas de situation. Pff ! ébéniste, tu parles d'un métier ! Tout juste bon à se couper les mains. Fera jamais fortune, ton Léo... » Qui pourrait savoir que Léopold, encore aujourd'hui ?... Quand elle l'a planté, il n'en a même pas cherché une autre.

Dans sa vie, Léopold n'a caressé que Marcelle. Et du bois.

FRANCIS, LUI, ne s'embarrasse pas de salamalecs en déboulant à son tour chez Marcelle. Pourtant…

Il travaille à la ferme familiale depuis son plus jeune âge. Il le dit toujours : « Je suis né dans une étable, comme Jésus ! » Fils aîné, il n'a connu dans son enfance que les vaches, les cochons, les champs, le foin, la basse-cour et les roustes. D'un tempérament naturel fruste, les torgnoles que lui administrait son paternel pour lui introduire les subtilités du travail de la terre dans la caboche ne l'ont pas arrangé.

À dix ans, il conduisait le troupeau de porcs tout seul et savait même tenir les rênes de la jument comtoise – Lucie – qui tractait d'énormes charretées de foin. Quand il laissait échapper un cochon, les foudres patriarcales s'abattaient sur lui. Il a ramassé des bordées de coups de manche de pioche, des raclées à n'en plus finir, des coups de ceinture et même, une fois, un coup de fourche dans les fesses. Huit jours au lit, avant de retourner au boulot sous la menace : pas de place pour les feignants à la maison ! Depuis, Francis boitille, parce que son nerf sciatique a été touché par la fourche.

Marcelle venait chaque jour chercher du lait, à la ferme de Francis. Pour la servir, il prenait son temps. Ils avaient peu ou prou le même âge. Elle laissait crânement les boutons de sa chemise ou de sa jupe dégrafés. Francis ne se privait pas de se rafraîchir les prunelles. Quand il causait avec Marcelle, son père ne lui disait jamais rien. Pas la moindre remarque, pas de menace. Le temps venu, il vit même d'un bon œil que le déniaisement de son fils se profilât. Et puis, ce qui fut un handicap plus tard s'avérait alors un avantage auprès des filles. Francis paraissait plus mûr que les gars de son âge, avec ses manières de mâle, aux rênes de la comtoise ou derrière le troupeau. Tout le monde disait de lui : « Quel dégourdi, ce gamin. Et musclé, avec ça ! »

Alors forcément, un jour, il a fini par remarquer que Marcelle s'attardait de plus en plus. Que le reflet de ses yeux s'adoucissait. Pendant plusieurs nuits, il a tourné les idées dans son cerveau, qui requérait du temps. Il a proposé à la jeune fille de monter au grenier, pour chercher des œufs dans le foin. Habile stratégie, n'est-ce pas ? Eh bien, elle n'en espérait pas tant ! Elle accepta, et ils se retrouvèrent enlacés en moins de temps qu'il faut pour collecter une douzaine.

Francis, peu enclin aux circonlocutions du discours amoureux, n'y alla pas par quatre chemins.

C'est Francis qui a dépucelé Marcelle, et vice versa. Au début, elle se plaignait, il besognait à la bûcheronne, mais bientôt – expérience aidant – de délicieux petits gémissements descendirent du grenier à foin.

Gustave, le géniteur du jeune et fringant étalon, avait pris l'habitude de monter discrètement à l'échelle du pigeonnier d'où il pouvait glisser un œil entre deux planches disjointes du mur du fond pour observer les ébats des jeunes gens. Salive à la bouche, le vicelard s'en donnait à cœur joie. Jusqu'au jour où l'un des barreaux a craqué. Puis le suivant, et le suivant, ainsi de suite jusqu'en bas. Alertés par le vacarme et l'affolement des pigeons, les deux adolescents se rhabillèrent à la hâte, dévalèrent l'escalier et découvrirent le paternel étalé parmi les débris de l'échelle, pantalons à mi-cuisses, les joues encore roses. Quoique raide mort. Si l'on peut dire.

Après cet épisode, plutôt fâcheux, Marcelle n'a plus voulu venir à la ferme. Elle acheta le lait à l'épicerie de la rue du Commerce. Chez les parents de Jules, justement. Nous y viendrons…

Francis n'entendait pas se laisser plaquer comme ça. Comme il n'osait pas taper à la porte de Marcelle, à cause de sa mère qui avait une réputation de harpie, il se mit à fréquenter la guinguette au bord du gave, le dimanche. Accoudé au comptoir, il jetait des regards méchants à la salle, buvant trop de bière. Jusqu'à ce jour inévitable où Marcelle vint danser. Elle se laissa inviter par cinq ou six beaux mâles, mais refusa son tour à Francis, en lui assenant que ça faisait trop mal de se faire marcher sur les pieds par des sabots de bois. L'autre devint furieux et lui allongea une claque qui coupa net l'inspiration à l'accordéoniste. Après un silence, Jules – qui avait ses vues – s'avança vers la brute et lui demanda de sortir. Francis demanda à son tour si Jules comptait le virer de force, avec ses petits bras, ha, ha, ha ! Jules fonça et se retrouva illico assommé, ce qui eut quand même la vertu de déclencher une bagarre générale encore vive dans les annales, puisqu'on appela la guinguette « Verdun », depuis ce jour. L'endroit est encore connu sous ce nom, même s'il sert aujourd'hui d'entrepôt à machines agricoles.

Jules et Francis se rabibochèrent lors du concours de belote des fêtes, l'année suivant la bagarre du Verdun. On comprend toutefois qu'aujourd'hui encore, ils évitent le sujet.

On finit par marier Francis à une voisine, fille de riche cochonnier, un laideron, une maritorne dure à la tâche, comme lui, qui défunta fort prématurément sans lui donner d'enfant après qu'elle fut tombée dans la fosse à lisier un jour de printemps où Arsène le verrat l'avait chargée à groin retroussé, tout excité par les effluves de truies en chaleur qui parfumaient le vallon.

Francis ne trouva plus jamais chaussure à son pied. Mais les mauvaises langues prétendent qu'il ne se gêne pas, chaque année, quand il monte à Paris pour présenter ses bêtes au Salon de l'agriculture. Le comice agricole, comme il dit encore.

MARCELLE SERT deux chopines de rouge et trois verres, sans attendre la commande. Ni Jules, qui a du retard.

– Ces messieurs vont bien ?

– On fait aller.

– Comme à vingt ans !

– Et Jules, il vient pas aujourd'hui ?

– Si, si, il va arriver, il traîne un peu la patte, ces derniers temps.

– C'est vrai que je lui ai pas trouvé très bonne mine, hier, dit Marcelle.

– Tu parles, reprend Léopold, il s'est énervé après Jeannot…

– On a tous cru qu'il en pétait, coupe Francis.

– Il s'énerve trop, conclut Léopold en remplissant les trois verres de rouge. Et toi, Marcelle, t'en bois un avec nous ?

– Jamais ! Une règle d'or quand tu tiens un bistrot… si tu veux le tenir longtemps.

– Oh toi, dit Francis, tu veux vivre vieille !

– Tu ferais mieux de t'en inspirer, rétorque la bistrote, t'es complètement imbibé !

– Bah, se défend le fermier, ça conserve, l'alcool… Regarde, les pruneaux à l'eau-de-vie… et puis merde ! T'as qu'à pas me servir, si ça te fait deuil !

– Eh, dis donc, je suis pas la Sécu ! dit Marcelle en repassant derrière son comptoir. T'es assez grand !

Les clochettes tintinnabulent. Jules entre, après s'être essuyé les pieds sur le paillasson. Il porte encore sa tenue de pêcheur, il n'a pas pris le temps de se changer.

– Qu'est-ce que tu foutais ? demande Francis. On allait t'envoyer les pompiers !

– Les enfants, ce coup-ci, j'ai bien failli l'avoir !

Il s'installe, ne pense même pas à saluer Marcelle qui fait déjà partie des meubles, boit son verre d'un trait et commence :

– Vers cinq heures, le vif a commencé à s'agiter, je voyais bien qu'il était inquiet… Et que je vais au milieu du courant, et que je reviens vers les racines de la berge... ça sentait le roussi, là-dessous. Le bouchon faisait comme ça : tic, tic, tic, et zig et zag... Pour avoir une bougeotte pareille, y avait pas quarante solutions, je savais qui rôdait dans les parages. Tout à coup, plouf ! Plus de bouchon, plus rien ! J'avais le palpitant, tagadam, tagadam. Je touche à rien, je retiens ma respiration et j'attends. Cinq minutes. Tu sais que c'est long, dans ces cas-là, cinq minutes ! Le bouchon remonte, à plat, un peu plus loin. Comme si le vif était mort, tu vois ? Il me la joue à tous les coups, celle-là. Quand il sent qu'il se passe un truc anormal, il garde l'appât en travers de la gueule, comme ça, et il attend, prêt à tout lâcher. Moi, je patiente – hé ! hé ! tu vas voir mon coco... Et puis voilà le bouchon qui se remet à gigoter de nouveau, plonge une deuxième fois, en bouffant cinquante mètres de fil. Là, je chope la canne et je ferre comme un fou. Un véritable tronc d'arbre, un monstre, une baleine, là au bout ! Il mesure au moins deux mètres et pèse bien ses soixante kilos ! Au moins soixante kilos... Eh, tu m'étonnes, il a peut-être... je sais pas, moi... cent ans... ou plus !

– Ou plus, ou plus, répète Léopold en retenant un sourire.

Quand Jules parle de pêche, il parle de brochet. Et quand il parle de brochet, il parle d'Hérode. Un mastodonte que son arrière-grand-père traquait déjà, qui tient la famille en échec depuis trois générations. Les histoires d'Hérode, on ne les compte plus. Une fois, deux fois par an, il mord à l'hameçon. Commence alors un combat titanesque, qui n'a jamais de témoin, certes, mais la verve de Jules permet de revivre la scène comme si l'on y était. Pas un détail ne manque. Gestes, bruits, mouvements, couleurs… du Cinémascope, du grand spectacle !

– Il faudrait des biceps d'haltérophile, pour le sortir de l'eau ! La canne était pliée en deux, comme ça, cent, cent vingt mètres de fil avalés, et du costaud, tu peux croire, bas de ligne acier et tout… J'ai dû passer mon bras autour d'une branche basse pour ne pas partir à la baille !

– Tu devrais t'attacher à un arbre, quand tu vas au brochet ! commente Francis.

– Un jour, dit Léopold, on va te voir passer sous le Pont Vieux, comme en ski nautique !

– Vous pouvez toujours rigoler, poursuit Jules, mais le jour où je le sors de l'eau, celui-là, c'est à la télé que vous me verrez passer !

– Eh, dit Francis en remplissant les verres, t'as pas soif, à force de raconter des conneries ?

Jules n'avait pas douze ans, soi-disant, quand il a pincé Hérode pour la première fois. Son père lui avait déjà tout appris de ses coins de prédilection, près des herbiers par beau temps, du côté des racines du grand saule les jours d'orage. Et la psychologie de la bête. Ah, la psychologie ! Tu fais la différence, quand t'es psychologue en poisson ! S'il mord, tu le laisses faire, tu me le vexes pas, tu me l'amadoues et quand il ne se méfie plus – pan, dans les cacholes ! Pigé, mon garçon ? Oui, papa !

Dans la vie, Jules s'excite pour un rien, mais à la pêche, c'est du marbre. Sans exagérer, oui, un bloc de marbre, une colonne de temple grec, plus patient qu'un tombeau. Capable de rester une éternité sans broncher. Le gel, un soleil de plomb, la pluie battante, l'orage, la neige même, rien ne le fait reculer. Entre Jules et Hérode, on peut presque dire que c'est d'homme à homme. Il ne se souvient plus de sa première clope, ni de sa première fiancée, ni de la date de son mariage avec Huguette, mais de la première touche avec Hérode, là, il s'en souvient comme si c'était hier. Quoique sa première fiancée… bon, il s'en souvient un peu quand même, allez ! D'autant que depuis hier, il l'a devant le nez à l'heure de la chopine.

Venons-y. Marcelle a toujours aimé la nature. Alors que certains fréquentaient déjà le bistrot, et que d'autres travaillaient, elle se baladait toute seule sur le bord du gave. On la disait bucolique, cherchant le prince charmant. Elle le trouva. Enfin, disons qu'elle en trouva un spécimen. Bourriche dans une main, canne de bambou dans l'autre, panier-siège en bandoulière, il allait près de la bouche d'évacuation des abattoirs, où le sang des bestiaux attirait les ablettes, fin du fin en matière de vif, selon lui. Elle musardait, un bouquet de fleurs sauvages à la main, ses déjà charmants tétons frémissant sous le chemisier blanc, une mélodie au bout des lèvres, que Jules étouffera bientôt d'un baiser maladroit.

Ce jour-là, le poisson ne mordait pas. À la fin du printemps, la neige des montagnes fond, l'eau des rivières refroidit. Le fretin se planque et le pêcheur déprime. Marcelle avait aperçu Jules, endormi sous un bouquet d'acacias. Elle l'avait observé un long moment et il avait fini par la remarquer. Il fut comme ébloui. La Marcelle qu'il apercevait et servait parfois à l'épicerie de la rue du Commerce, la Marcelle de la bagarre du Verdun… Son cœur chavira sur l'instant. Lorsqu'elle s'approcha en louvoyant, minaudant, disant bonjour, regardant ailleurs, glissant un brin d'herbe entre ses lèvres couleur cerise, Jules crut que sa poitrine allait éclater. Elle s'assit dans l'herbe, à côté de lui. Il ne tarda point à lui narrer par le menu les vertus comparées de l'ablette et du gardon, la taille idéale des hameçons pour la truite ou les avantages de l'asticot sur le lombric. Elle se pâma, papillonna des yeux et – plus expérimentée et décidée que lui – colla son épaule contre celle du jeune pêcheur.

L'idylle champêtre de Jules et Marcelle dura quelques semaines, mais la passion précoce du garçon pour Hérode revint encore plus fort, faisant irruption n'importe quand. Plus particulièrement quand il ne fallait pas. Cela finit par agacer sa fiancée, qui ne comptait pas être prise pour une femelle brochet au moment choisi et attendu où elle s'offrirait à lui. Elle voulait un homme, un vrai.

Elle envoya son promis tremper le bouchon à Tibériade.

Il n'y avait que cette brave Huguette, dans le canton, pour se marier le Jules. Fille de commerçant, elle aussi. Pas compliquée, un peu rétro, qui trouvera très bien de passer sa vie devant la télévision ou les fourneaux, en attendant que son mari revienne de la pêche.

Un homme, un vrai. Marcelle en avait repéré un. Le fils des patrons du Verdun. Ses doux yeux se détournèrent de Jules pour regarder Félix.

Et là, ça finira devant le maire et le curé.

Francis humecte sa lippe d'un coup de langue, y colle une feuille de papier à rouler, non gommée. Il fouille de deux doigts épais dans sa blague à tabac, en sort une pincée de filaments bruns et odoriférants puis décolle délicatement le papier de sa bouche, pour lui donner une forme de gouttière où il dépose le tabac. Tout en discutant, il roule le tout, lèche le papier et imprime à la cigarette un tour complet, avant de la coincer à la commissure de ses lèvres. Il ne l'allume pas, contrairement à ce qu'on pourrait attendre. Non, Francis n'a plus le droit de fumer depuis plusieurs années.

Mais il roule toujours les cigarettes, parce qu'elles sont indispensables à la partie de coinchée du dimanche. Sans elles, il ne saurait plus tricher. Alors il s'octroie ce petit plaisir. Tous les soirs à la chopine, il s'en roule une, qu'il abandonne dans le cendrier, en partant. Mâchouillée, baveuse, mais entière.

– Tiens, tant qu'on parle de coinchée, on fait comment, dimanche prochain ? On va pas se pointer chez Jeannot comme ça, quand même.

– Oh, tu sais, on sera peut-être réconcilié, d'ici là !

– Ah non, pas question, moi j'ai dit que j'y foutais plus les pieds, j'y fous plus les pieds, un point c'est tout ! Et puis, laisser tomber Marcelle, maintenant… non !

– Mais, on pourrait venir ici de temps en temps, disons, un jour par semaine…

– Tatata, il avait qu'à pas déconner, en face. Non mais tu te rends compte, après cinquante ans d'amitié !

– Quarante, ça ira.

– Quarante, si tu veux, c'est pareil, à dix ans près !

– Là, t'as raison, dix ans de plus, dix ans de moins, au point où on en est…

Marcelle, un panier d'osier au coude, prend un billet dans la caisse et annonce qu'elle doit sortir.

– Qui va me faire les courses, si j'y vais pas moi-même ? Je vous confie la maison, vous n'avez qu'à vous servir, s'il en manque. À tout de suite !

– T'en fais pas, Marcelle, on tient boutique !

Depuis que le Félix est mort, il y a au moins dix ans, Marcelle assure tous les postes à bord. C'était pourtant pas un foudre de guerre, le Félix, mais tenir le zinc pendant que sa femme allait au marché, ça il savait faire ! « Chacun son rayon ! » disait-il.

Dès qu'elle a tourné les talons, Francis embraye :

– Le seul problème, ici, c'est qu'on voit pas bien dehors, hein, Jules ?

– Ouais, ils sont mignons, ces petits rideaux, mais ça cache la rue, t'as raison. En face, y a pas à tortiller, on avait l'animation.

– En plus, reprend Francis, ce pinard, je veux pas critiquer, mais, qu'est-ce que t'en penses, toi ?

– Bof, couci-couça, il vaut pas le corbières de Jeannot. Tu dis quoi, toi, Léopold ?

– Qui, moi ? fait Léopold en sursautant. Heu... quoi, déjà ?

– Le pinard, on te demande comment tu trouves le pinard de Marcelle, et si on te gêne, tu nous le dis !

– Le pinard ? Oui, très bon, je le trouve très bon, moi, ce pinard. Pourquoi, pas vous ?

Francis fronce les sourcils :

– Quoi ? Tu trouves ça bon, toi ? T'as le bec plus culotté que moi, ma parole, ça me rassure ! Finalement, je préférais en face, je sais pas, les chaises, le cendrier, oui, je me l'aimais, moi, le cendrier Cinzano de Jeannot... Regarde, celui-là, tout propre, tout moderne, t'oserais pas y mettre la cendre dedans.

– Tu t'en fous, tu fumes plus !

– Je fume plus, peut-être, mais je m'en fous pas ! Mon cendrier, c'est mon cendrier !

– Mais qu'est-ce que tu t'en fous puisque tu fumes plus !

– Oh ! tu me fais caguer, à force, si je te dis que je préférais le cendrier de chez Jeannot...

Ils ont beau faire, la conversation bute sur le bistrot d'en face. Dimanche approche, chacun le sait. La tension monte. Bon, faire la tête quelque temps, marquer le coup pour montrer la désapprobation, d'accord, mais personne ne peut imaginer un seul instant que la partie de coinchée saute. Inconcevable, ça.

Les clochettes de la porte mettent un terme au conciliabule. Marcelle a l'air soucieux. Elle dépose le panier, alourdi par les commissions, sur le carrelage.

– Dis Marcelle, t'en fais une drôle de tête, t'as pas trouvé ce que tu cherchais ?

– Vous pouvez être fiers, vous trois !

Francis relève aussitôt :

– Quoi, qu'est-ce qu'on a fait ?

– Oh, rien, vous n'avez rien fait ! J'ai rencontré Josette…

– Et alors, tu rencontres qui tu veux, Marcelle !

– Attends, laisse-moi parler : elle ne sait plus comment faire, avec Jeannot. Il déprime complètement depuis que vous l'avez plaqué.

– Oh, n'exagérons rien, c'était hier ! enchaîne Francis.

– Eh, te plains pas, t'y as gagné trois clients ! renchérit Jules.

– J'avais besoin de ça, tiens ! Depuis le temps que je fais sans vous, j'aurais tenu jusqu'à la retraite, y a plus longtemps à attendre !

– Si je comprends bien, dit Francis, tu nous fous dehors !

– Je vous fous pas dehors, je vous demande de retourner chez ce pauvre Jeannot. Sans les piliers, son bistrot, y s'écroule !

Léopold ne dit rien, mais les deux autres jubilent. Francis écrase sa cigarette au fond du cendrier, comme s'il l'avait fumée. Le voilà, le prétexte qu'on cherchait pour ne pas rater la belote !

« Ah, je te jure, si y avait pas les femmes, comment on ferait ? »

FINALEMENT, C'EST MIEUX comme ça. Léopold se dirige à petit train vers chez Jeannot. En plus, par rapport à sa maison, il marche directement sur le bon trottoir, sans avoir à traverser. Dix-huit heures, c'est l'heure de Bouboum. Une heure à finir écrasé par cette andouille, si l'on n'y prend garde. L'ébéniste a quand même le cœur un peu gros. Revoir Marcelle a ravivé sa vieille douleur... Bon, il l'apercevait bien, de temps en temps, au marché ou dans la rue. Un petit bonjour de loin, et point. Mais là, de si près, presque à la toucher, ça lui a mis l'intérieur sens dessus dessous. Il vaut mieux retourner aux vieilles habitudes, oui, sans quoi il pourrait bien y laisser la couenne.

Fébus quitte le pas de la porte et vient, queue battante, à sa rencontre. L'ébéniste ôte sa casquette et la tend au chien qui la prend dans sa gueule. Il fait ça depuis des années. Au petit trot, l'animal regagne son domicile et se poste en attente devant la porte, que Léopold ne tarde pas à pousser, tout en récupérant le couvre-chef. Il entre.

Jeannot lit le journal, derrière la machine à café. Il ne lève même pas les yeux. Léopold toussote, s'adresse au chien :

– Allez, sale bête, rends-moi ça, graine de voleur !

Jeannot lève les yeux par-dessus ses lunettes.

– Tiens, t'es là, toi ?

– Oui, ton chien m'a piqué la casquette, alors je…

Léopold s'interrompt en constatant que le billard électrique a été relégué dans la pièce d'à côté, où les jeunes viennent faire leurs messes basses le mercredi après-midi.

– Ah, tu as remis notre table ?

– Ben, le flipper gênait le passage, à cet endroit, et puis les jeunes font trop de bruit en tapant dessus. Il est aussi bien à côté, va !

Léopold s'installe. À sa place, celle de d'habitude, la seule où il se sente véritablement bien, pour la chopine. Il ignore pourquoi. La chaise, la lumière, la vue sur la rue… Tout un tas d'infimes détails assemblés qui font la différence entre ce lieu et un autre. Il faut se rendre compte. Combien d'heures passées ici ? Combien de conversations, d'engueulades, de parties de coinchée, de verres éclusés ? À force, un coin de table finit par épouser la forme de votre corps et de votre esprit. Comme un vieux fauteuil s'avachit selon votre dos, vos fesses et vos pensées vagabondes.

Jeannot demande :

– Et les autres, ils vont venir ?

– Je sais pas, pourquoi ?

– Pour savoir combien je mets de verres, dit le patron en sortant une bouteille de corbières du réfrigérateur, ce pourquoi il doit se pencher, émettant toujours le même geignement provoqué par de satanées douleurs lombaires à l'affût de ce genre de posture.

Au même instant, Jules passe la porte, un sac plastique à la main.

– Salut Jeannot ! (Il tend le sac.) Je passais par là, alors j'en profite pour te ramener le moulinet que tu m'avais donné à réparer, il y a trois ans. Ce fut long, mais j'y suis arrivé. Avec les moulinets modernes, on s'y reconnaît plus, bougonne-t-il. Viendra le jour où on pourra plus les réparer, il faudra les envoyer chez le fabricant, tu verras, ils finiront par nous y coller de l'électronique, genre « le moulinet intelligent »… Tiens, Léopold, t'es là ?

Jeannot pose les verres sur la table.

– Assieds-toi, tu vas bien boire un coup avant de repartir !

– Bon, si t'insistes…

Jules s'assied, quand Francis pousse la porte, une bouteille d'eau-de-vie sous le bras.

– Bonsoir ! (Il regarde ses compagnons.) Ah, vous êtes là ?

– Comme tu vois, on est là ! Et toi aussi, tu es là !

– Oui, je venais porter une bouteille de gnôle à la patronne, de la vraie… C'est pour flamber les alouettes, y a au moins dix ans qu'elle me la réclame, alors comme je passais dans les parages…

– Tu vas bien prendre un verre, propose Jeannot.

– Bon, si t'insistes…

– Rosé, rouge ?

– Rouge, comme tout le monde !

Il regarde à droite, à gauche, derrière lui, entre ses jambes.

– Ah, y a pas un truc qu'a changé de place, ici ?

Ce soir, les verres tintent un peu plus fort que d'habitude. Il y a comme une excitation dans l'air. On dirait qu'ils ne se sont pas vus depuis des années. Francis, très en verve après deux chopines entières, raconte comment un poulet lui a échappé, cet après-midi. Il lui avait tranché la tête, pourtant. Il courait dans tous les sens – évidemment, sans la tête, on y voit moins bien – et pim ! dans la brouette, il repart à toute berzingue dans l'autre sens, et pam ! dans l'abreuvoir. Finalement, il a ralenti, et il est tombé sur le côté, panne de jus ! Francis laisse les autres en larmes. Un triomphe ! Du coup, Jules répète les meilleures scènes et relance le fou rire de Jeannot qui file aux toilettes. Léopold fouille dans les poches de son pantalon, d'où il sort un mouchoir blanc impeccablement repassé. Il le déplie, avec délicatesse, s'essuie les yeux, se mouche, récure ses narines en y enfonçant l'annulaire (le seul qui soit encore assez long) encapuchonné d'un coin de tissu, se frotte le bout du nez de droite à gauche, et replie consciencieusement le mouchoir avant de le remettre à sa place, en soulevant une fesse pour mieux accéder à la poche.

Josette vient de la cuisine. Elle se moque toujours des mouchoirs de Léopold.

– On dirait que tu as une femme à la maison ! Tu repasses mieux que moi, ma parole !

Léopold ne répond pas. Jules insiste :

– Allez, avoue, tu nous en cacherais pas une petite, par hasard ?

Comme l'ébéniste ne démarre pas et ne semble pas particulièrement apprécier le motif, Josette change de conversation. Pas le moment de gâcher l'ambiance. Pas ce soir. Elle pose les poings sur sa taille, ceinte d'un tablier de toile bleue, qui protège une blouse de nylon à petites fleurs.

– Dites, messieurs, j'ai sorti des petits oiseaux du congélo. Ils y sont depuis six mois ! Il y en a un peu trop, pour Jeannot et pour moi… si vous restiez manger ? Maintenant que j'ai la gnôle pour les flamber !

– Moi, dit Jules, il faut que j'avertisse Huguette, sinon… je peux téléphoner ?

– Dis-lui de venir, à ta Huguette, on la voit jamais !

– Boh, elle n'aime pas sortir… Tu sais, Huguette et sa télé…

Jules, Francis et Léopold se regardent, hésitent pour la forme, affectent de tergiverser avant d'accepter l'invitation.

– Heu, tu crois que… ça va pas causer trop de dérangement ?

– Hé ! fait Jeannot, si on le propose, couillon, c'est bien que ça nous dérange pas, ça nous ferait même bien plaisir de vous garder, pour une fois.

– En plus, dit Josette, j'en ai profité pour inviter Marcelle ! Y a si longtemps… Elle fermera plus tôt, ce soir.

Léopold sent un nœud se serrer dans sa poitrine.

– Bon, bon, bon, on va rester, Josette, on va rester.

– Allez hop ! On passe à la cuisine !

Ils prennent leurs verres, les fonds de chopines et se transportent sur l'arrière, où Josette avait déjà préparé la table, comme par hasard. Jeannot débouche plusieurs bouteilles de rouge.

– Ce soir, je régale ! dit-il en ajustant les niveaux.

Josette dirige le bal depuis les fourneaux.

– Jeannot, ordonne-t-elle, ouvre deux pâtés, de celui de l'année dernière, c'est meilleur un peu vieux.

– Le pâté, dit Francis dont le nez lance des lueurs de groseille, ça vieillit bien, comme le pinard. Une fois, j'en ai oublié une boîte dans la remise. Au moins cinq ans, eh bien tu me croiras ou pas… un délice !

– Jeannot, on a tapé ! crie Josette qui secoue la poêle où flambent les alouettes. Tu deviens complètement sourdingue, ma parole !

Dans la cuisine, on se croirait à bord d'un navire qui manœuvre au combat.

Marcelle entre sans attendre qu'on lui ouvre. Toute pimpante, Marcelle, chignon refait, un peu de poudre sur les joues, un joli chemisier de dentelle et une jupe de laine sombre. Elle tend un panier à Jeannot. Deux bouteilles de vin doux et des *cuisses de demoiselles,* pour le dessert.

– Il fallait pas, Marcelle. Tiens, assieds-toi où tu voudras. Je te sers un verre ?

– Un petit, répond-elle, pour faire honneur.

Léopold a poussé sa chaise pour laisser une place à Marcelle. Voulant se préparer une tartine, il commet une maladresse et le pâté tombe sur la nappe. Pas commode de tartiner sur du pain mou, avec ses mains rognées. Marcelle prend une autre tranche de pain dans la corbeille :

– Laisse, Léo, je vais te la tartiner.

Sur les vieilles joues de Léopold monte un voile grenadine que tout le monde remarque, mine de rien. On se fait du coude, du genou, on échange des regards complices.

Quand Josette débarque en tenant à bout de bras le plat d'alouettes, tout le monde se tait. On écoute les petits oiseaux grésiller dans les sucs qui parfument la pièce. La réputation de la patronne n'est plus à faire, en matière de popotte. Regardez-moi ça : les dés de jambon, le hachis transparent d'oignons, l'ail en chemise. Une splendeur.

– Bon, qui fait le service ?

– Jeannot, c'est toi le chef !

Et le patron de s'exécuter, vantant ses propres mérites d'avoir su trouver une épouse de la trempe de celle-là.

– Tout un art, trouver une moitié, pas donné à tout le monde, pas vrai, les gars ?

Un peu lourd, le Jeannot. En d'autres circonstances, le ton pourrait monter, mais ce soir on enterre la hache de guerre, alors on élude, on soigne la magnanimité, on ne bronche pas, on serait presque tolérant.

À minuit, la dernière goutte de vin doux disparaît dans la gorge de Francis. Rond comme une queue de pelle, le type. Veut absolument chanter une dernière chanson du pays, mais l'auditoire en a assez entendu pour quelque temps. Francis chante quand même, ce qui tient du braiment. Jules, en coin de table, raconte à Josette le dernier coup d'Hérode, tandis que Jeannot et Léopold sentent leurs paupières tomber. Francis ne faiblit pas, il pousse une gueulante, monte le ton à s'en faire péter le gosier. Marcelle attend poliment la dernière note pour se lever et annoncer qu'elle prend congé.

– C'est bien beau, mais il faut ouvrir à l'heure, demain. On a passé l'âge.

Léopold soupire.

– Il est grand temps de regagner les plumes, lance Josette. Demain matin, le réveil sonne, pour ceux qui ne sont pas à la retraite !

Jules rétorque qu'il sera sur la berge du gave avant le lever du soleil, et que si Jeannot veut venir, il l'invite, on essaiera le moulinet, pour tester la réparation. Josette balance qu'il n'a que ça à faire, lui. Francis, pendant ce temps, s'en remet une rasade, ce qui lui vaut un regard désapprobateur de la maîtresse de céans…

Du coup, on est de nouveau sur le point de s'engueuler, ce qui, en d'autres termes, veut dire qu'on est réconcilié.

Oublié, le coup du billard électrique.

DANS L'ATELIER de Léopold, les parfums des essences de bois se mêlent à l'odeur de colle, de vernis et de térébenthine. Des rais de lumière s'introduisent obliquement aux interstices laissés par des voliges disjointes sur le mur à l'est, et fusent dans l'air où dansent la poussière et la sciure, soulevées par le vent coulis.

Un transistor grésille dans un coin. De temps en temps, le choc sourd du maillet sur le ciseau.

Penché sur l'ouvrage, l'ébéniste caresse un décor sculpté pour en apprécier la finition. Le bout de ses doigts coupés a perdu sa sensibilité, alors il effleure avec le pouce. Un coup supplémentaire ici, au papier de verre, un autre là, avec un grain plus fin, pour la dernière touche. « Pas mal, pas mal ! » Il parle tout seul. Il parle au bois, à l'objet qu'il façonne. Une tête de cheval. Il souffle pour chasser la moindre particule de sciure, tâte encore, contrôle les courbes et les profils comme s'il visait avec un fusil. Le berceau sera prêt dans les temps. Sa nièce Pauline accouche dans huit jours. Léopold sait qu'elle rêve d'un berceau à l'ancienne pour son bébé. Un petit lit à bascule, avec une tête de cheval. Comme autrefois. Vernis châtaignier ou bien chêne clair. Pas trop foncé, c'est triste. Léopold n'est pas mécontent, son cheval a tous les airs de Bucéphale. Au début, quand il était jeune, il ne réussissait jamais les chevaux. Son père, véritable artiste du ciseau à bois, se moquait toujours de lui. Et puis c'est venu. Tandis que le paternel vieillissait, le fils s'améliorait lentement.

Sept heures vont sonner. La petite crampe à l'estomac ne trompe jamais. L'heure du café. Léopold coupe la radio. On n'entend bientôt plus que les copeaux qui craquent sous les semelles et les premiers oiseaux de la journée qui s'égosillent dans le figuier.

Léopold enlève sa blouse bleue, couverte de sciure, s'essuie les mains au derrière de son pantalon et sort de l'atelier, séparé de la maison par un jardin potager impeccablement tenu. Il jette un œil aux plants de patates, en passant, ajuste un tuteur aux framboisiers, arrache une tige flétrie, un gourmand, apprécie la croissance des oignons. « Manque d'eau, marmonne-t-il, va falloir arroser. Hopopop ! Pas maintenant, après le café ! »

Sur le paillasson, il change ses sabots de caoutchouc pour des chaussons douillets. Un cadeau de la nièce, justement. Il traverse le couloir, plongé dans la pénombre. Toujours frisquet, dans le couloir. Comme si la fraîcheur montait du carrelage en damier. Dans la cuisine, en revanche, il fait bon. Chaud en hiver, frais en été. Autrefois, on savait construire les maisons !

La vie de Léopold s'égraine en chapelet de manies, un enchaînement d'habitudes qui jalonnent les journées, donnent des repères, finissent par articuler les heures entre elles, par devenir indispensables au bon défilement du temps, lui donner une consistance, un squelette, le rendre presque tangible. On s'accroche à l'existence, avec les manies. On la retient, on l'empêche de fuir, on y plante les ongles, comme pour freiner l'inexorable glissade vers la tombe.

Chaque matin, il se lève à la même heure, sans réveil. Il descend à la cuisine, prépare le café, installe sa tasse – sans cuillère, pas de sucre – et se rend à l'atelier. Pendant qu'il bricole, le café passe. Quand il revient à la cuisine, c'est déjà froid, alors il en verse l'équivalent de deux tasses dans une petite casserole cabossée qui tangue sur le brûleur. La flamme au minimum. Pendant que le café réchauffe, Léopold remonte la pendule. Elle s'arrêterait, sur les coups de huit heures. Il tire une chaise près du mur, s'y juche avec précaution – à son âge, une chute pourrait être fatale –, il prend la clef, posée sur le cadre de la reproduction de *L'Angélus*. La baguette supérieure du cadre est couverte d'une pellicule de poussière, sauf à l'emplacement de la clef. Il remonte le mécanisme – entre dix-huit et vingt tours, jamais plus, jamais moins –, repose la clef exactement sur l'empreinte dans la poussière, descend en s'agrippant au dossier et replace la chaise près de la table, sans l'enfiler dessous, car il va s'y asseoir dans une minute. Le café, au point de bouillir, est maintenant un tout petit peu trop chaud. Une minute hors du feu et ce sera parfait. Le temps de se rendre à la porte d'entrée de la maison, pour y ramasser le journal que le facteur a glissé par-dessous. Revenant vers la table, il saisit les lunettes posées sur le buffet. Puis il s'installe et boit la première tasse de café en lisant les gros titres, lâchant quelques commentaires sur les hommes politiques, portant deux jugements à l'emporte-pièce sur l'actualité, laissant aller un soupir, un haussement de front, avant de se relever pour se servir la deuxième tasse, celle qu'il va boire en consultant la page locale, et surtout la rubrique nécrologique, qui alimentera inévitablement la discussion chez Jeannot, à l'heure de la chopine.

On tape à la porte. Ça, c'est inhabituel.

La tasse reste en suspens, le café ballotte, Léopold tend l'oreille pour savoir s'il n'a pas rêvé. Encore trois ou quatre coups sourds. Cette fois il en est sûr, il y a quelqu'un.

Jeannot et Jules attendent sur le trottoir, en grande tenue de pêche, chapeau à la main.

– Tiens, vous avez senti le café ? dit Léopold en s'effaçant pour leur permettre d'entrer. Alors, vous venez m'annoncer la capture d'Hérode ? Jules, ne me dis pas que tu l'as eu !

Passez, passez, je vous attrape une tasse, asseyez-vous !

Léopold s'agite, installe des tasses, une boîte en fer qui contient le sucre, rallume le feu sous la petite casserole de guingois.

– Eh, on a passé une bonne soirée, hier, pas vrai ? J'avais un peu mal aux cheveux, ce matin, enfin, ce qui m'en reste. Comme à vingt ans, quand on faisait la bringue ! Jeannot, un ou deux sucres ?

– Un !

– Je vous porte des biscuits.

– Non, laisse tomber, fait Jules en tournant la cuillère dans son café, qu'il ne sucre pourtant pas.

Léopold remplit sa tasse et s'assied.

– Alors, racontez-moi, vous êtes muets, ma parole ! Vous l'avez eu, ou non ?

Un silence succède à la question. Jules tourne toujours la cuillère dans son café non sucré, tandis que Jeannot boit le sien, sucré, sans l'avoir remué. Sa main tremble légèrement, lorsqu'il pose la tasse sur la soutasse. Le visage de Léopold est impassible, mais ses yeux se mettent à luire d'inquiétude.

– Vous… vous n'êtes pas très bavards ce matin, les amis, bredouille-t-il.

Puis il se tait, et le silence, que la pendule martèle avec entêtement, pèse encore davantage sur la cuisine. Léopold s'apprête à poser *la* question, mais il recule l'échéance, il reprend son souffle. Parfois, inexplicablement, on devine les choses. Comme si une voix vous les glissait à l'oreille.

– Francis ? demande-t-il enfin, d'une voix atone.

Pour toute réponse, les deux autres baissent le regard.

LES GENS EN HABITS sombres forment un demi-cercle autour du cercueil, posé près du trou, de l'autre côté du tas de terre. Le curé, entouré de deux enfants de chœur, parle du cher disparu.

Jules fait un commentaire à voix basse à Léopold :

– Si le curé savait ce que Francis balançait sur lui !

Léopold étouffe un rire nerveux.

Toute de noir vêtue, chapeau, voilette, sac à main, chandail, jupe, bas opaques, chaussures vernies, Marcelle donne un coup de coude à Léopold, pour lui intimer le silence. Marcelle a le cœur gros. Elle n'aurait jamais cru. Avec Francis, c'est un peu le dernier écho de sa lointaine virginité qui se tait.

Le curé, lui, ne tarit plus sur le trépassé, qu'il ne connaissait que de fort loin, d'ailleurs, et pour cause, leurs religions respectives n'ayant pour point de rencontre que la dive. Blanc moelleux pour le catéchumène, rouge ou rosé pour le cultivateur.

Jeannot, au bras de Josette, semble sur le point de piquer du nez.

Quand les pelletées de terre commencent de résonner sur le couvercle du cercueil, l'assistance se retire des lieux en murmurant, à la suite du curé, lui-même précédé des deux enfants de chœur, l'un portant le crucifix, l'autre l'encensoir. Jeannot propose à ses amis de passer au bistrot boire un verre à la santé du défunt, ce que chacun accepte, évidemment. Dans ces moments-là, on a besoin de se serrer les coudes. Les lever ensemble reste le meilleur moyen.

Sur le chemin du retour, les mastroquets évoquent l'accident. Depuis le temps que Francis roulait bourré.

– Combien de fois je lui ai dit ? répète Jeannot, comme pour se débarrasser d'un sentiment de culpabilité.

– Moi, dit Marcelle, je ne me pose pas ce genre de question ; si je trouve le client trop rond, je coupe le robinet !

– Facile à dire, fait Jeannot. Francis, quand il avait soif, il avait soif !

Josette lève les yeux et soupire, solidarité d'épouse oblige.

Jules et Léopold, à quelques pas en arrière, préfèrent évoquer le bon vieux temps.

– Tu te souviens, demande Jules, quand on est allé en Espagne tous ensemble, avec l'association des anciens ?

Léopold hoche la tête en riant :

– Quelle cuite ! Francis n'était jamais sorti de la ferme, même pas pour le régiment… soutien de famille. Tu parles, on se demande bien ce qu'il soutenait, à l'époque !

– Dans le bus, il a impressionné tout le monde. Il avait amené du casse-croûte pour la cantonade, foie gras, pinard, saucisson, andouille. Avant la frontière, on était pompette. Tu m'étonnes ! Hé, hé ! Et après, tu te rappelles quand on est arrivés là-bas ? Il allait de *venta* en *venta,* un verre de rouge ici, un Ricard là… même Victor avait du mal à suivre. Il en a acheté combien de caisses, au moins trois ?

– Oui, et finalement, il les a oubliées au restaurant, chez le Basque ! Tu te souviens ? Ce con de Francis s'était levé, il avait commencé à chanter « Dans mon pays d'Espagne, olé… », et le Basque était devenu fou, il avait menacé de sortir le fusil… quelle rigolade !

Ils arrivent chez Jeannot. Alain, le nouveau, a pris les commandes du troquet. Jeannot, Josette et Marcelle s'installent avec Jules et Léopold. L'évocation des meilleurs épisodes de la vie avec Francis continue autour de la table. Chacun y va de son petit souvenir. On n'ose pas demander à Marcelle certaines précisions, mais ça démange. Puis, profitant qu'Alain se trouve occupé derrière le comptoir, Jeannot demande à voix basse :

– Comment vous le trouvez ?

Il donne un coup de menton en direction du serveur.

– Nouveau ! répond Jules.

– Oui, bon, d'accord, mais à part ça, il est pas mal, non ? Tu vois, il m'a tenu la boutique pendant l'enterrement, sans problème. Il se débrouille comme un chef.

– À quelque chose malheur est bon, dit Jules.

– T'as de la chance, dit Marcelle. Moi, j'ai personne pour me remplacer, alors... rideau pour l'après-midi !

– Un drôle d'esclavage, ce boulot ; si c'était à refaire... dit Josette.

– Quoi ? dit Jules, vous gagnez des sous en pagaille !

– Et les charges, objecte Josette, tu te rends compte ? Non, non, non, c'est fini, on fait plus fortune dans ce métier !

– Parce que tu crois qu'en vendant des asticots, on en met à gauche, peut-être ? J'ai à peine de quoi me payer des hameçons, avec ma retraite.

– Arrête, dit Jeannot, tu vas nous faire pleurer ! T'as passé ta vie à te remplir les chaussettes !

– Que tu crois ! Nous, les commerçants, on n'est pas comme les artisans...

Jules fait d'une main le geste de celui qui subtilise un billet et le met à la poche, puis insinue :

– Y en a un qui dit rien, mais...

Les regards convergent vers Léopold.

– Fais pas semblant de rêvasser ! Les artisans, avec ce qu'ils rentrent au noir ! insiste Jules.

– Je… je pensais à Francis, dit simplement l'ébéniste, qui ne suivait visiblement pas la conversation.

Du coup, elle marque le pas, la conversation. Francis, c'est vrai. Francis. Le cendrier Cinzano, sans la cigarette, il va falloir s'y faire. On va quand même pas s'en rouler une juste pour se faire croire qu'il est encore là !

– Qu'est-ce qu'on disait, déjà ? reprend Jeannot. Ah oui, on parlait de sous… tiens, on va peut-être apprendre que le plus riche d'entre nous, c'était Francis. Avec ses ongles crasseux et son chandail rapiécé.

– Non, tu crois ? fait Jules.

– Oupoupoup, méfie-toi des paysans, un œuf par-ci, un litre de lait par-là… un sou plus un sou…

– Plus les subventions !

– Ah, oui, c'est vrai ! dit Jeannot. On le payait à rien semer, il le disait lui-même.

– Eh, on va pas critiquer, maintenant il s'en fout, fait Jules. Vous savez ce qu'il disait, quand il parlait d'argent : là où on finira tous, on n'en a pas besoin.

– Il avait bien raison ! conclut Léopold. La preuve !

Depuis que Francis a cassé son sablier, Léopold a modifié ses habitudes. Ou plutôt, il a ajouté une habitude à ses habitudes. Au lieu de sortir à six heures moins dix, il sort vers cinq heures, pour passer dire un petit bonjour à Marcelle, avant d'aller à la chopine. Les braises qui subsistaient sous le tas de cendre de la vie rougeoient de nouveau. Comme si un souffle les avait ravivées. Finalement, l'histoire du billard électrique n'aura pas eu que du mauvais.

Les clochettes sonnent. Léopold se découvre et salue la clientèle, en l'occurrence un couple d'Anglais qui boit du thé en consultant une carte de la région. Marcelle écosse des petits pois sur une table. Elle collecte les graines dans un saladier de verre et entasse les cosses sur une feuille de journal.

– Tu tombes à pic, j'avais justement besoin d'un coup de main !

Léopold affiche un air circonspect.

– Tu sais, je n'ai pas des mains de fée, pour ce genre de truc. J'ai perdu quelques doigts à la bataille…

– Laisse tomber, t'auras quand même droit à un ou deux bocaux. Si tu veux quelque chose, tu te sers. T'as vu (un coup de sourcil aux Anglais), on a les premiers touristes. Hem ! pas en retard, cette année !

– Ils nous amènent un peu d'animation dans le pays, dit l'ébéniste. Moi, j'ai rien contre.

– Oh, moi non plus, un client est un client ! Tu bois rien ?

Léopold hausse les épaules, il boira tout à l'heure, chez Jeannot. Pas la peine de commencer trop tôt. Il regarde les doigts de Marcelle éclater les cosses. Il se souvient encore de ces mêmes mains, alors qu'elles étaient fines et lisses. Il se souvient de la peau de Marcelle. Il y pense même très souvent, depuis qu'ils se revoient. Les jeunes s'imaginent que ça passe en vieillissant… penses-tu ! Jamais il n'oserait lui reparler de leurs rendez-vous secrets, à la cabane du saule. Tous les jeudis, il y venait par les bois, abandonnant son vélo dans un fossé. Elle le rejoignait à pied, à travers champs. L'été, elle portait des robes colorées qui faisaient ressortir le grain de sa peau et la couleur de ses cheveux. Il y avait des bottes de paille, dans la cabane du saule, où ils s'allongeaient pour se raconter des histoires et s'embrasser. Chaque semaine, Léopold osait dégrafer un bouton de plus de la robe de Marcelle. Il a découvert son corps centimètre par centimètre. Et la soie ineffable de sa peau. Et les parfums qui montaient de son ventre. Il était follement amoureux, tu parles d'un début ! Ses mains – elles avaient encore tous leurs doigts – conservaient dans leurs paumes la chaleur et le parfum des seins de Marcelle. Deux petits melons durs qu'il pétrissait sans retenue dès qu'il la retrouvait en cachette.

« Tu aurais dû être boulanger, disait-elle en riant, pas ébéniste ! »

Jamais ils ne firent l'amour. Pourtant, elle n'avait pas froid aux yeux, mais Léopold était timide, il respectait trop les mystères de Marcelle pour les lui ravir à la hussarde. Léopold ne comprenait pas l'essentiel : Marcelle voulait devenir femme. Lui, il allait au rythme que lui autorisait sa timidité. Il prenait tout son temps. C'était pas l'envie qui manquait, mais… fallait oser. Pas donné à tout le monde.

Il regrette de n'avoir pas été plus décidé, mais ces choses-là ne se commandent pas. Si ça se trouve, il aurait tout gâché, en allant plus loin.

Affairée à la plonge, Marcelle ne dit rien. Elle fait comme s'il n'était pas là. Léopold aime ce silence. Le silence, entre eux, dit beaucoup plus de choses que la parole. Difficile à expliquer… Le cœur de Léopold bat toujours différemment, quand il se trouve près d'elle.

Léopold ne lui en a pas vraiment voulu. Comment détester celle qu'on aime ? Il est parti finir son apprentissage ailleurs, pendant un an, pour revenir ici quand son père est tombé malade et reprendre l'atelier. Il a retrouvé les copains. Personne ne lui parla de Marcelle. Il ne posa aucune question. Quand Félix a pris le café-restaurant en face de chez Jeannot, il a compris. Il voyait toujours Marcelle entrer et sortir. C'était terrible, l'impression des jolis petits melons qui renaissait dans la paume de ses mains.

Un jour, Léopold a lu dans le journal l'avis du mariage avec Félix. La mère de Marcelle avait toujours rêvé d'un mastroquet, pour sa fille. « Ils sont pleins de sous, et les poivrots, c'est pas demain que ça va manquer ! »

Léopold a pleuré, tout seul, dans son atelier. Avec la poussière et les larmes, il n'y voyait plus rien. C'est comme ça qu'il s'est coupé son premier doigt.

Les Anglais se lèvent et prennent congé. Marcelle les salue sans lâcher les petits pois.

– Bon voyage, à bientôt et doucement sur la route !

L'homme n'a pas compris la fin de la phrase :

– What ?

– Slo on ze rod !

– Oh yes, thank you very much ! Goodbye !

– Oui, c'est ça, goudbaï !

– Dis donc, fait Léopold, j'ignorais que tu parlais l'anglais !

– Dans ce métier, il faut être polyglotte, c'est bon pour le bizness !

– Et tu parles d'autres langues ?

– Un peu d'espagnol, ça ressemble au patois ; un peu d'italien, avec les mains…

– Portugais ?

– Non, les Portugais, ils parlent français comme toi et moi !

Elle jette un œil à la pendule :

– Si tu ne te décides pas, tu vas être en retard !

Il semble se réveiller brusquement :

– Hein ?

– Oui, à la chopine, regarde, six heures passées !

Léopold se lève.

– Mince, je suis jamais arrivé en retard, moi ! À demain !

Après qu'il a franchi et refermé la porte, Marcelle le regarde traverser la rue, au travers des rideaux.

– Plus ça va, plus il est rêveur, commente-t-elle pour elle-même, avec un affectueux sourire.

Au moment où Léopold franchit la porte, Bouboum passe à tombeau ouvert. Il klaxonne le vieil homme *(la cucaracha, la cucaracha, ya no quiere caminar)* et lui adresse un petit signe de la main. Léopold rouspète : « Roule plus vite, abruti ! » En traversant la rue, il songe qu'il va falloir trouver des jeunes, si on veut continuer la belote. Fébus se lève pour dégager le seuil. Il bâille, étire ses hanches et attend que Léopold soit entré pour opérer un tour sur lui-même, truffe au sol, et se recoucher exactement au même endroit.

– On commençait à se demander… dit Jules, déjà installé à la table.

– À se demander quoi ? grogne Léopold en s'asseyant.

Près du percolateur, Jeannot enfouit son visage dans le journal. Alain, le nouveau, pose deux verres et une chopine de rouge sur la table.

– On se disait que t'es ponctuel, d'habitude.

– Oh, se défend Léopold, il est quelle heure ? Cinq minutes de retard, tu vas pas m'en faire un fromage, on n'est pas aux pièces !

Alain, torchon sur l'épaule, remplit les verres. Léopold relève le goulot de la chopine.

– Là, doucement, pas plus haut que le bord !

– T'as pas soif ? demande Jeannot. T'en as déjà bu un, ou quoi ?

– Non, monsieur ! dit l'ébéniste en haussant le ton. J'étais en face pour une simple visite de courtoisie, si vous voulez savoir… La courtoisie, un truc qui vous échappe, bande de sauvages ! Et de quoi je me mêle, après tout, je peux aller où bon me semble sans vous en rendre compte, ou non ? Si j'ai envie de passer chez Marcelle avant de venir ici, je passe chez Marcelle avant de venir ici, un point, c'est tout !

– Mais on n'a rien dit, fait Jules, on savait même pas que t'étais chez Marcelle ; on se disait… on se disait… on se disait rien du tout, d'ailleurs, on s'inquiétait, voilà tout !

Le nouveau prend la défense des autres :

– Ça partait d'une bonne intention…

Léopold le regarde de pied en cap. Les autres se taisent, persuadés qu'il va lui en balancer une pas piquée des hannetons :

– Tu sais jouer à la belote, toi, au moins ?

AVANT L'AUBE, Jules accroche les cannes et le panier-siège sur le porte-bagages de son vélomoteur, avec deux tendeurs. Il donne trois coups de pédale pour démarrer, puis coince entre ses jambes un seau d'eau où nagent des ablettes. Ce matin, à la radio, on annonçait l'orage pour la fin d'après-midi. Excellent. Pour le brochet, excellent.

L'air est doux. Comme toujours, Jules abandonne son vélomoteur dans le tunnel, sous la voie ferrée. Pour le protéger de la pluie, le cas échéant. Et puis, inutile d'ameuter le quartier, le poisson est farouche.

Les hautes herbes portent encore toute l'humidité de la nuit. Une odeur de vase monte du méandre. Une chouette hulule.

Jules déplie les cannes. Les fourches de coudrier sont encore plantées dans la berge, personne n'est venu. Il plonge sa main dans le seau à vifs, les poissons s'affolent en rond, cherchant inutilement à fuir. Il saisit une ablette, pas trop grosse, la tient fermement entre ses doigts et lui plante l'un des crochets du trident en arrière de la tête. Elle se raidit. Surtout, ne pas la tuer. Il contrôle, tenant à présent le fil entre deux doigts, lève l'appât devant ses yeux, pour voir s'il frétille encore. Parfait. Cette ligne ira près du tronc couché de l'acacia. Le brochet aime la proximité des abris.

Ensuite, il place une deuxième ligne à environ cinq mètres du bord. À cet endroit, le fond remonte un peu, et il y a des herbiers. On les voit bien, à l'étiage. Celui qui ne connaît pas bien son plan d'eau n'a aucune chance de faire bonne pêche. Ils croient que c'est facile, les gens, mais… plus compliqué qu'il n'y paraît. On ne s'improvise pas fin pêcheur du jour au lendemain !

Enfin, il lance une troisième ligne, avec un vif plus gros, tout près du courant central. Pas trop quand même.

Dès que tout est en place, il s'assied sur son panier, duquel il a préalablement extrait le casse-croûte. Un litron de rouge, du pain, des piments au vinaigre, du jambon du pays et un morceau de fromage de brebis. Avec ça, il peut tenir le siège.

Imperceptiblement, les fumerolles qui glissent à la surface rosissent, les arbres paraissent plus sombres, le ciel pâlit, à l'est. À ce moment, la température tombe. Tous les matins, c'est pareil. Tant qu'il fait nuit, l'air semble plus doux, et juste avant le premier rayon, on se caille.

Jules pense à Francis. Il était plutôt chasse, le Francis. Un sacré braconnier. Il se foutait complètement des dates d'ouverture et de fermeture. Et comme le garde, c'était lui… À la pêche, Francis s'ennuyait. « C'est sûr, se dit Jules à voix basse, on n'était pas foutus pareil, tous les deux. Les uns, c'est la pêche, les autres, c'est la chasse, eh oui ! »

Au loin, on entend le premier train de la matinée. Alors Jules se tait et ses pensées glissent vers Victor, le garde-barrière.

Les bouchons se dandinent, indiquant les déplacements des vifs. Quand on les accroche bien, ils peuvent vivre toute la matinée. Jules, question vif, il en connaît un rayon. On va pas lui apprendre à piquer un hameçon dans une ablette, ça non ! Avec l'expérience, rien qu'à voir le bouchon, il perçoit jusqu'aux sentiments de l'appât. Insouciance, inquiétude, souffrance. Psychologue en poissons, disait et répétait son père, tu dois devenir psychologue en poissons.

La bouteille éclusée, Jules se sent mieux que jamais. Qu'on est bien, au bord de la rivière ! Tiens, s'il n'était pas marié, il se construirait un cabanon et il vivrait ici, tout seul. Les pensées en vadrouille et les yeux sur les bouchons. La vie, quoi. Qu'est-ce qu'il s'emmerde encore, à son âge ? Je te me ferais de ces petites grillades, tu peux croire… Les copains pourraient venir me rendre visite, de temps en temps, Jeannot aime bien la pêche, lui aussi. Et puis j'irais les voir le soir, à la chopine. Oh, je m'ennuierais pas !

Le soliloque se coupe net. Un banc de petits poissons vient de sauter hors de l'eau, près de l'acacia.

Jules plisse les paupières, retient sa respiration. Voyons, pas de panique, qu'est-ce que c'est ? Le bouchon trahit l'agitation anormale du vif. Pas de panique, pas de panique. Alors, mon vieux, c'est toi, tu viens par là ? On avait un petit creux, salopard ? Minutieusement, Jules pose la bouteille vide sur le côté, replie l'Opinel et le fourgue dans la poche de son pantalon. Pas de panique, non… c'est peut-être une perche qui chasse. Mouais, on dirait que ça se calme. Les autres bouchons ne signalent rien d'anormal, tout se passe par ici, près de la berge. Tout à coup, le bouchon disparaît un instant sous la surface avant de remonter. Il flotte à plat, maintenant, mais ne dérive pas. S'il n'y avait plus rien, là au bout, il filerait dans le courant. Hérode, c'est toi, nom de Dieu, tu me fais le coup à chaque fois, tu commences à manquer d'imagination, mon gaillard !

Dans ces cas-là, se faire tout petit, plus un bruit, toucher à rien, attendre. Hérode en connaît un rayon, lui aussi. Il a saisi le vif dans sa gueule, en travers, et se tient dans l'ombre de l'acacia. Classique. Au moindre doute, il crache tout.

Les minutes s'écoulent. Longues, angoissantes. Jules a pris la canne dans ses mains, mais sans la soulever. Il doit éviter que le fil ne transmette la moindre vibration. Toujours rien. Le doute s'installe. Si c'est lui, il est fort. Psychologiquement intenable. Bon, il va bouger, oui ?

Jules lâche la canne et s'approche du bord, sur la pointe des pieds. Il scrute l'eau, sous l'acacia. Pas facile, avec le reflet. Le ciel est bien clair, maintenant. Puis, la vue s'accoutumant aux jeux des miroirs, il l'aperçoit. Hérode en personne, si l'on peut dire. Un monstre ! Un véritable monstre, avec une gueule énorme hérissée de dents acérées, et l'ablette en travers des mâchoires, qui paraît minuscule. Regarde ça, on dirait un pesquit ! Merde, si je tombe à l'eau, il pourrait bien me bouffer ! Le palpitant de Jules cogne trop fort, il sent ses artères battre dans son cou, dans son ventre. Hérode, lui, est impassible. Absolument immobile. Il attend. Encore cinq minutes à ce régime, et le cœur du pêcheur passe au travers de sa cage thoracique. D'habitude, il garde son calme, à la pêche, son côté soupe au lait disparaît complètement, mais là… Aujourd'hui, c'est pas son jour, il ne tient pas. Hérode a le dessus. Jules voit la gueule gigantesque du brochet s'ouvrir comme un abîme, un gouffre obscur où il craint de disparaître tel vulgaire fretin. Il s'imagine dans les entrailles de la bête. Il pense à son père, à son grand-père. Ils diraient quoi, à sa place ?

Ils feraient quoi ? Ferrer ? Attendre encore ? Attendre quoi, y a dix minutes que j'attends !

Puis, la faute.

Pris d'un hoquet (le petit vin, sans doute) il se redresse légèrement. Sa silhouette se détache alors sur le ciel. Hérode crache tout et d'un battement de queue se propulse comme une fusée, disparaît dans la masse sombre des eaux.

Hébété, Jules regarde, à la surface, le remous s'étaler, se déformer, rejoindre le courant. Il relève la ligne. L'ablette est tranchée net. Ne restent que la tête et le trident.

– TU MONTES ou tu laisses ?

Jeannot trouve qu'Alain réfléchit trop. On va pas y passer la nuit, t'as le jeu ou tu l'as pas !

Alain calcule les risques, tord la bouche dans tous les sens, tandis que Jeannot essaie vainement d'attirer son attention pour lui indiquer qu'il a un billard à trèfle. Léopold et Jules, inaltérables, en profitent pour se passer quelques renseignements utiles. Finalement, le nouveau se dégonfle :

– Je passe !

Jules s'ébroue comme un cheval.

– Quel épicier ! Moi, je touche pas une bille, vous devez avoir un sacré matelas, tous les deux !

– Bon, s'impatiente Jeannot, si tu parles, c'est pour dire si tu prends, sinon motus !

– Je passe.

Aussitôt, Jeannot se décontracte. C'est à son tour de parler. Il s'appuie sur le dossier de la chaise, protégeant le jeu contre son estomac.

– Puisque vous vous déballonnez tous, moi, je prends.... Cent vingt carreaux !

Fais-les ! lance simplement Léopold qui compte bien lui mettre des bâtons dans les roues, avec sa longue à trèfle.

D'autant qu'il est sous la gouttière, c'est Jeannot qui distribue.

Les parties tournent moins rond, ces temps derniers. Jeannot et Francis n'auront pas joué ensemble bien longtemps. « On est peu de chose », dit Jules qui a rêvé de mort, il y a une heure à peine, alors qu'il s'accordait un petit somme digestif. Une gueule monstrueuse, des dents blanches et acérées, un gouffre devant lui. Qui aurait cru que Francis... Bon, il levait bien le coude, il tirait un peu sur la ficelle, mais franchement, une baraque pareille ! Costaud comme un bœuf, toujours bon teint. Léopold lui disait souvent de prendre garde en voiture. Après la chopine, il avait l'œil rouge. Sur cette route sinueuse... « T'inquiète, répondait le Francis en tapant sur le capot de sa

Dauphine, Titine connaît le chemin, elle sait rentrer toute seule ! » Maintenant voilà ! Ce qui devait arriver arriva. Il a fini dans la mare aux canards, devant chez lui. Un comble.

Alain, le nouveau, y a pas à dire, il sait jouer à la belote. Mais il est lent. Il réfléchit, il se tâte, il tergiverse et surtout, il ne triche pas. Les discussions s'éternisent, après la partie. Jeannot rouspète :

– Comment voulez-vous jouer avec un type qui ne triche pas ?

– Un type qui prétend gagner sans tricher, dit Léopold, c'est louche, ça cache quelque chose et, en général, ça triche !

– Pas du tout, prétend le suspect, je sais jouer, voilà tout !

– TU TRI-CHES !

– Mais, puisque je vous dis que…

– Allez, allez, avoue : avec Jeannot vous mettez au point vos combines dans notre dos. Facile, vous vous voyez toute la semaine !

– Tu te fais des idées, Jules. Moi, je me contente de le suivre, il y tâte, point !

– Tu dis ça maintenant que t'as gagné, mais au début, tu disais : ce jeune, il pompe rien à la belote !

– Y a que les imbéciles qui ne changent pas d'avis, rétorque Jeannot.

Jules est bougon. Il ne semble vraiment pas dans son assiette, alors Léopold essaie de le secouer.

– Eh ! Jules, tu m'as l'air ailleurs, aujourd'hui. Huguette te fait des misères ?

– Non, je pense à Francis. Tu te rends compte ? On est là à discuter, à boire des pions, à s'engueuler, et hop, pfft, plus rien !... Moi, j'aurais jamais cru qu'il partirait comme ça.

– C'est la vie, dit Jeannot.

– Tu en as de bonnes, toi, dit Jules. C'est la vie, c'est la vie... c'est la mort, oui !

– On doit tous y passer, ajoute Jeannot, décidément philosophe en cette fin d'après-midi dominicale.

Alain intervient :

– Bon, vous ne voulez pas changer de conversation ?

– Le petit a raison ! dit Léopold. Vous allez me ficher le mouron, avec vos litanies !

Jeannot en remet une couche :

– Victor, Francis... ça commence à faire beaucoup, vous croyez pas ?

– Et alors ? dit Léopold, on va pas commencer à se morfondre. Si on passe notre vie à parler de la mort, autant crever tout de suite !

– J'ai vu Hérode, dit Jules. Ce matin, vu de mes yeux vu !

– Et alors ?

– Il m'avait pris l'ablette, comme ça (il joint le geste à la parole), en travers de la gueule, et il attendait…

– Et alors ? insiste Léopold, quel rapport avec notre conversation ?

– On vaut pas plus que des ablettes, ici-bas, lâche Jules à mi-voix. Tu penses jamais à ce genre de truc ? demande-t-il à Léopold.

– J'ai pas dit que j'y pensais pas, j'ai dit que je voulais pas qu'on commence à se morfondre !

Léopold finit son verre et le claque sur la table.

– Et puis vous m'ennuyez, à la fin, moi, je rentre ! À demain !

– Demain, c'est fermé, précise Jeannot.

– Alors à mardi ! corrige l'ébéniste en levant le camp. Vous me faites perdre la boule, avec vos conneries ! Salut !

– Te fais pas de bile, petit, dit Jules en s'adressant à Alain sur un ton paternel, tandis que le grincheux s'éclipse. Il déteste perdre, notre Léopold, et puis il est comme tout le monde : le coup de Francis, il l'a en travers.

Alain acquiesce et se lève.

– Vous n'êtes pas très gais, aujourd'hui.

Il plie le tapis, range les jetons et décroche son blouson de cuir, pendu au perroquet.

– Bon, messieurs, je vous salue, demain sera un autre jour.

Il passe dans le couloir et s'adresse à Josette, tout en enfilant son casque de motard :

– Salut la patronne, à mardi !

On entend la voix de Josette, du fond de la cuisine :

– Salut mignon, et doucement avec ta pétoire !

Dès qu'il se retrouve seul avec Jules, Jeannot rit pour lui-même en secouant la tête. Jules s'étonne :

– Qu'est-ce que tu as, à rire tout seul ?

– Oh ! rien, dit Jeannot, l'œil malicieux.

– Comment, rien ? Tu ris pour le plaisir de rire ?

– Non, je pense qu'il vous aura fallu du temps.

– Du temps pour quoi ?

– Pour l'accepter.

– Qui ça ?

– Alain !

– Le nouveau ?

– Ne te fais pas plus méchant que tu es, tu l'as appelé « petit », tout à l'heure.

– Non, c'est pas moi, c'est Léopold !

– Toi aussi, tu l'as appelé « petit » !

– Je me suis laissé influencer !

Jeannot n'insiste pas. Il change de conversation :

– T'es sûr que c'était lui ?

– Qui ça ?

– Hérode !

– Ben…

– Josette hèle son époux :

– À table !

Derechef, Jeannot se lève.

– À la soupe !… Tu sais, Jules, il faudra bien vous y faire. Un jour, il n'y aura plus qu'Alain, ici.

– Et toi ?

– Moi, je vais bien finir par jeter le torchon. Je vais pas te servir jusqu'à cent ans, qu'est-ce que tu crois ?

– Les bistrotiers, dit Jules, ils ne devraient pas avoir droit à la retraite.

– On y a droit comme les autres !

– Eh bien c'est pas normal, rétorque Jules ! Nous, on s'est habitué à toi. Il est gentil, le jeune, c'est vrai… Mais le jeune, c'est le jeune, c'est pas toi !

– C'est froid ! crie Josette.

– Tu verras, dit Jeannot en tapant sur l'épaule de Jules, je prendrai la chopine avec toi et Léopold, le soir. Je me ferai servir, pour une fois.

– Vu comme ça, grommelle Jules en sortant, c'est pas pareil.

LA JOURNÉE s'annonce radieuse. Léopold donne une dernière main au berceau. Le petit est né, Pauline a téléphoné hier soir. Ou plutôt, la petite. Julie. Quand il prononce « Julie », pour lui-même, dans l'atelier, Léopold ne peut s'empêcher de sourire. Avec un peu de chance, tu me ressembleras peut-être un peu. Julie. Julie. Que tu es jolie, ma Julie. Jolie Julie, jolie Julie. La tête du cheval est très réussie. La plus belle tête de cheval sortie des ciseaux du vieil ébéniste. Pour Julie. Léopold tamponne le vernis en chantonnant « jolie Julie, jolie Julie ». Il aime l'odeur de la térébenthine. C'est toute sa vie, les parfums de sciure, de vernis, de térébenthine. La lumière joue dans la crinière, jolie Julie, que tu seras mignonne dans ton berceau à bascule !

Après avoir achevé le vernis, Léopold dépose délicatement le berceau sur des tréteaux, au milieu de l'atelier. Il s'éloigne de quelques pas, regarde son œuvre sous tous les angles, se baisse, s'éloigne, se rapproche. Satisfait, il rebouche le pot de verre dans lequel il avait préparé le vernis, jette les chiffons souillés et se lave les mains à l'évier.

Dehors, le soleil colore déjà la faîtière de la maison. Les feuilles du figuier miroitent. Reflets roses, reflets orangés. Il est un peu plus tard que d'habitude, son ventre émet des borborygmes, l'heure du café a largement sonné.

Avant de fermer l'atelier, il ramasse un petit cageot de bois, dont il tapisse le fond d'une feuille de papier journal pliée. Il traverse le jardin potager, pose le cageot dans l'allée, près des radis, se change les chaussures et entre dans la maison.

La pendule est arrêtée.

Du coup, il allume la radio, pour entendre l'heure, et va chercher le journal dans l'entrée. Il se sent un peu chamboulé, aujourd'hui. Tout d'abord, la naissance de Julie – il y a pensé toute la nuit – et puis l'invitation de Marcelle. Le lundi, elle ferme, elle aussi. Alors elle a proposé à Léopold de passer déjeuner.

Et Léopold, il n'avait plus senti son cœur battre ainsi depuis des lustres. Depuis le temps où il tenait Marcelle dans ses bras. Julie, Marcelle, tout vient à la fois. Après toutes les mauvaises nouvelles de ces derniers temps, ce n'est que justice, finalement. L'odeur du café flotte dans la cuisine. Léopold cherche dans la rubrique des naissances, elle habite où, déjà, Pauline ? Ah, oui, voyons, voyons, Julie, où es-tu ma jolie Julie ?

Après avoir lu et relu le faire-part de naissance, il ouvre un tiroir du buffet et prend une paire de ciseaux. Il découpe le carré de papier où figure le prénom de sa petite-nièce et le glisse dans son portefeuille. Il va montrer ça à Marcelle, tout à l'heure. Et puis bientôt, la photo. Pauline a promis de lui envoyer une photo du bébé, dès qu'elle serait développée. Demain, peut-être.

En attendant, Léopold cueille les plus beaux légumes du jardin. Avec lui, la saison n'est jamais en retard. Un véritable magicien de la terre. Il va offrir un plein cageot de délices à la dame de son cœur. Disons les choses comme elles sont. Des radis, des patates nouvelles et même peut-être quelques asperges. Et du persil, bonne idée ! Une fois son cageot plein, il passe dans les rangées pour sarcler les repousses d'herbe, arracher un chardon, un pissenlit sauvage. De fil en aiguille, il ne voit pas la matinée passer.

Onze heures sonnent bientôt au clocher de l'église. Il est grand temps de se préparer. Marcelle a dit : « Tôt ! »

Quand, propre comme un sou neuf, il s'apprête à tourner la clef dans la serrure, la sonnerie du téléphone retentit. Zut ! Un instant, il craint que le rendez-vous ne soit annulé. Non, heureusement, c'est Pauline. Il respire.

– Allô, tonton, c'est moi, comment vas-tu ?

– C'est à toi qu'il faut le demander, ma poulette ! Tout s'est bien passé ? Tu es fatiguée ?

– Non, je m'étonne moi-même, j'ai très vite récupéré ! Tu sais, on comptait venir te voir, pour te montrer la petite, tu as eu le temps de…

– Si j'ai eu le temps ? Mais je l'ai pris le temps, ma poulette, je l'ai pris !

– Et alors, demande Pauline, il est beau ?

– Tu verras, une surprise c'est une surprise !

– Tu lui as fait une tête de cheval ?

– Tu verras, je te dis ! Quand comptez-vous passer ?

– Dimanche prochain !

– Dimanche ? Ce dimanche-ci ?

– Oui, celui qui vient !

– Le matin ?

– Oh non, tu sais, nous le dimanche, on ne tombe pas du lit !

– Ah, bon.

Un silence s'instaure. Pauline finit par reprendre :

– Tu as l'air contrarié. Tu avais déjà prévu quelque chose, dimanche ?

– Non, non, disons dimanche, d'accord !

– Alors à dimanche, tonton, on t'embrasse très fort !

– Oui, moi aussi je vous embrasse, et surtout, j'embrasse Julie !

« Et la partie ? dit-il après avoir raccroché. Bien sûr, il faut qu'ils se pointent au moment de la partie ! »

Cette fois, Léopold ne va pas aller chez Marcelle par la rue principale. Pas question de passer sous l'œil de Jeannot. Il n'a pas envie qu'on le voie, avec son cageot sous le bras, sa chemise propre et ses joues mieux rasées que jamais. Il préfère traverser devant chez lui et prendre la ruelle qui contourne le pâté de maisons. Marcelle a dit qu'elle laisserait le portail de derrière ouvert. Elle préfère la discrétion, elle aussi.

Avec un cœur de jeune homme, le pas étonnamment léger, l'ébéniste traverse le quartier, pousse le portail, franchit le jardinet où prospèrent les fleurs et les légumes. Marcelle aussi a la main verte. Du coup, il se dit que l'idée de lui offrir des légumes n'est pas si bonne. Il doute, pense un instant cacher le cageot pour le récupérer en repartant. Mais dans ce cas, il se pointerait les mains vides. Non, impossible. Tant pis, va pour les légumes ! Après tout, c'est l'intention qui compte. Il cogne deux ou trois coups au carreau de la porte. Le souffle court, il attend. Bientôt, Marcelle trottine sur le carrelage, en disant voilà, voilà !

Puis elle apparaît, toute pimpante. Les cheveux bien coiffés, portant une robe à fleurs.

Alors, dans un éblouissement, Léopold la revoit. Traversant le champ, devant la cabane du saule.

On attendra deux ou trois jours avant de demander des comptes à Léopold. C'est Jeannot qui craque le premier. En attendant que Jules arrive pour la chopine, il houspille l'ébéniste.

– Alors, t'as mangé chez elle, lundi midi, oui ou non ?

– Et qu'est-ce que ça peut te faire ? De quoi je me mêle ? J'ai quand même le droit de manger où je veux, avec qui je veux, non ?

– Te fâche pas, j'en parlais avec Josette, on se demandait juste…

– On se demandait quoi ? Mêlez-vous de vos oignons, c'est tout ! Bon, qu'est-ce qu'ils foutent, ces deux-là ? fait Léopold en regardant la pendule Judor, en forme d'orange, au-dessus du comptoir.

– Tu vas voir qu'ils finiront cul et chemise, ajoute Jeannot.

– Allez, dit Léopold, sers-nous-en une, tu perds la main, depuis qu'il y a ce jeune !

Il faut dire que depuis quelque temps, la place ne manque pas, à la table des chopines. Jeannot s'installe avec eux, maintenant. Un peu pour laisser faire Alain (il faut bien qu'il apprenne le boulot), un peu parce qu'il ne supporte pas de voir les deux chaises vides, en face de Jules et de Léopold.

Le long hululement de la sirène des pompiers interrompt la conversation. Léopold et Jeannot comptent les coups. Ils pensent tous les deux à Victor. Le garde-barrière suivait toujours les pompiers, quand il entendait la sirène. Il voulait être au courant de tout. Léopold demande, entre ses dents :

– Il ne leur sera rien arrivé, au moins ?

– Parle pas de malheur ! dit Jeannot.

– T'as vu l'heure, quand même, ajoute l'ébéniste.

– Oui, mais ça veut rien dire… Moi, je crois qu'ils ont attrapé Hérode !

– Et il faut les pompiers pour le sortir de l'eau, tellement qu'il est gros ?

– Remplis les verres, au lieu de dire des conneries !

Bientôt sept heures, toujours pas de Jules, toujours pas d'Alain.

Jules a invité le jeune à passer au coin de pêche de la voie ferrée. À l'entendre, Hérode, c'était pour aujourd'hui. Il en a rêvé, et puis ces derniers temps, le brochet mythique fréquente les parages. Beaucoup plus souvent qu'avant, curieusement. Jusque-là, Jules le voyait deux, trois fois par an, maximum. À présent, c'est tous les jours ou presque qu'il lui bouffe un vif, casse une canne, bondit sous ses narines. Déchaîné, l'Hérode, vorace, infernal. À force d'entendre ces histoires, Alain a fini par se laisser tenter. Et Jules ne s'est pas fait prier, il n'a pas fallu le lui dire deux fois. Tu veux venir, petit ? Avec plaisir !

– Tu vois, dit Jeannot à Léopold, il a le jeune à la bonne, comme toi.

– Moi ?

– Oui, toi, toi comme Jules…

– Moi ? Pas du tout ! Ou alors, sans faire exprès !

– Menteur, je suis sûr que tu l'as invité à visiter ton atelier, sans nous le dire !

Léopold s'empêtre la langue.

– Qui te l'a…

– Mon petit doigt ! Tu ne lui as pas montré le berceau de la petite, par hasard ? Avoue, il a le même âge que Pauline, il pourrait être ton neveu, ou ton fils, tiens.

– Quoi ? Mon fils, cette espèce de, de, dedede, de motocycliste…

– Motocycliste ou pas, je sais ce que je dis ! Mais revenons à nos moutons, ou plutôt, à notre brebis… tu ne m'as toujours rien dit, pour Marcelle.

– Bon, dit Léopold, si tu veux tout savoir, elle m'a demandé de la dépanner de quelques légumes, les siens ont pris du retard et…

– Et tu l'as dépannée !

– Oui, enfin, si tu préfères, elle a la main verte pour les fleurs mais…

– Mais toi, tu l'as plutôt pour les plantes !

– Oui, c'est ça !

Jeannot insiste :

– Pour les belles plantes !

Léopold se renfrogne.

– Belle plante, belle plante…

– De quoi tu parles ? demande Jeannot, narquois.

– De… des plantes de mon jardin.

Voyant que Jeannot ne lâcherait pas, l'ébéniste craque :

– Bon, dit-il, tu veux savoir quoi : le menu ? De quoi on a parlé ? Si on a parlé de toi ? Si on a fricoté, tant que tu y es !

Alain gare sa moto devant le bistrot. Jeannot n'en saura pas davantage.

– Tiens, dit-il, alors, on parie ?

– On parie quoi ?

– Une tournée qu'ils l'ont attrapé !

Alain entre, pose son casque sur le comptoir, passe la main dans ses cheveux et regarde les deux compagnons.

– Incroyable, dit-il, il a disparu !

Jeannot trouve immédiatement des circonstances atténuantes :

– À part lui, personne ne le voit, c'est toujours pareil ! Il en parle, il en parle, Hérode ceci, Hérode cela… À l'entendre, ces derniers temps, il le voit tous les jours, mais quand il y a des témoins, rien du tout, que dalle !

Léopold se marre.

– On avait parié quoi, déjà ?

– T'inquiète pas, ronchonne Jeannot qui déteste perdre les paris, tu l'auras, ton coup à boire.

Alain prend place à la table et allume une cigarette.

– Bon, maintenant écoutez-moi, dit-il en montant le ton, de façon à enrayer la conversation, c'est pas Hérode qui a disparu, c'est Jules !

– Jules ? Comment ça, Jules ?

– Oui, je me suis pointé vers cinq heures, comme convenu, et j'ai vu qu'une canne était tombée de sa fourche, le sillon trempait dans l'eau, alors je l'ai relevée, la ligne était tranchée net. Plus de vif, plus de bas de ligne, plus rien. J'ai pensé que Jules pissait un coup dans les buissons, j'ai appelé. Personne.

– Il est peut-être malade, dit Jeannot, rentré précipitamment à la maison… T'es passé chez lui ?

– Mais non, vous ne comprenez pas, y avait ses cannes, son panier et sa pétoire sous le tunnel, je vous dis ! Mais Jules, ffft ! disparu !

Léopold veut croire à autre chose.

– Il relevait des cordeaux, ou bien il posait des lignes un peu plus loin, un truc comme ça…

– Pendant une heure ? Tu rigoles, j'ai appelé, j'ai cherché partout, rien de rien. Au bout d'un moment, j'ai prévenu les flics, et les flics ont appelé les pompiers… les plongeurs et tout le bazar, même un chien.

– Et alors ? font Jeannot et Léopold à l'unisson.

– Ben, ils sont en train de tout passer au peigne fin ! répond Alain en tapotant sa Marlboro au-dessus du cendrier Cinzano.

On ne reverra jamais la bobine de Jules.

MARDI MATIN, déjeuner à la fourchette. La cuisine de Josette sent bon la sauce tomate et la viande rôtie.

Jeannot, à la lumière de la fenêtre, lit le journal de l'association de quartier à haute voix. Léopold, qui boit un canon en attendant le consistant, écoute en hochant la tête.

Toujours aucune trace du corps de Jules Poeységur, disparu il y a maintenant plus de cinq jours, alors que le malheureux pêchait, fidèle à son habitude, du côté du méandre dit « du tunnel » en raison de sa proximité avec la voie ferrée. En accord avec le commandant Duplantier, chef de la gendarmerie, les plongeurs du corps de sapeurs-pompiers ont interrompu définitivement les recherches hier soir.

Jules, que tout le monde appréciait, restera dans les mémoires de nos concitoyens, en premier lieu comme ami, puis comme acteur particulièrement actif de la vie de notre cité. Rappelons que c'est lui qui, il y a trente ans, organisa le premier grand concours de pêche régional, fort bien loti au demeurant, qui devait attirer des kyrielles d'amateurs sur les berges du gave durant nos fêtes de juillet. Président de l'association des pêcheurs pendant quinze ans, il s'opposa vigoureusement au projet de barrage qui, selon lui, aurait causé sur le cours d'eau et la faune aquatique d'irrémédiables dégâts. Allant jusqu'à affronter les forces de l'ordre, ce qui lui coûta quelques jours de prison, il ne démissionna de sa présidence qu'après l'abandon définitif du projet. Jules, nous nous souviendrons de toi, et de tes fabuleux dons de conteur, de tes histoires de pêche, parmi lesquelles celle du fameux brochet Hérode, qui passera grâce à toi, gageons-en, à la postérité.

– Il écrit bien, dit Jeannot à l'adresse du folliculaire, en posant ses lunettes sur le journal.

– C'est son métier, bougonne Léopold. Comment ça va se passer, pour l'enterrement ?

– Si on retrouve pas le corps, comment veux-tu qu'on l'enterre ?

– Ils vont bien organiser une cérémonie, quelque chose, on va pas le laisser partir comme ça !

– Tu sais, maintenant, ça lui en fait une belle !

Josette pose un plat de sauce tomate sur la table.

– Servez-vous tant que c'est chaud, j'amène le filet mignon !

Les deux hommes rapprochent leurs chaises de la table. Jeannot noue la serviette autour de son cou, Léopold enfile simplement un coin dans le col de sa chemise. Mmh, ça sent rudement bon, Josette !

L'ébéniste trempe un bout de pain dans la tomate, le porte à sa bouche et dit, tout en mastiquant :

– Tu devrais sortir la table et mettre le flipper, maintenant.

– La table… la table des chopines ? Votre table ? demande Jeannot en s'essuyant le bord des lèvres, qui laissent des traces rouges et orange sur la serviette. Faudrait vous mettre d'accord, vous me faites la guerre quand je la sors et…

Il interrompt sa phrase.

– Jeannot, je crois que je n'aurai plus tellement le cœur à venir à la chopine, maintenant. Tu sais ce que c'est, la chopine… Une habitude, un moment de tchatche avec les copains, plus qu'autre chose. Maintenant, avec qui je vais tchatcher, hein ?

– Avec moi ! répond Jeannot.

Léopold reprend :

– On peut garder le mardi matin, si tu veux, on sera mieux ici, dans la cuisine.

Jeannot lève l'index pour appuyer ses mots :

– Si tu viens plus à la chopine, Léopold, je mets la clef sous la porte, fini, terminé, retraite !

– Ne le prends pas comme ça, c'est vrai quoi, place aux jeunes. Nous, on ne sert plus à rien, on gêne, on aura notre coin près des fourneaux, le mardi matin. Alain s'occupera du bar. Il doit faire sa clientèle. Nous, ça durera pas, tu vois bien…

– Léopold a raison ! dit Josette en suçant son auriculaire, qu'elle vient de tremper dans le faitout. Alors, elle est comment, ma tomate ?

– Parfaite, Josette, délicieuse !

– Assez sucrée, au moins ?

– Délicieuse, on te dit !

Jeannot essuie consciencieusement son assiette avec du pain, boit un coup de rouge pour faire passer, plie sa serviette et recule sa chaise, avant de taper du plat des mains sur ses cuisses.

– Bon, c'est pas tout, il faut que j'aille voir si le petit s'en sort, au comptoir ! Je vais réfléchir, pour le flipper, t'as peut-être raison. Au fond, on sera aussi bien ici.

– Comme ça, je profiterai de la conversation ! ajoute Josette, tandis que les deux amis quittent la cuisine.

Ce soir, Marcelle a mis les petits plats dans les grands. Elle a préparé une jolie table, avec un bouquet de fleurs au milieu. Toujours bucolique. Paysanne, tiens, voilà une vie qui lui aurait plu ! Mener les vaches le matin, couper l'herbe pour les lapins, à la fraîche, nourrir les poules dans la cour, d'un beau geste ample… Marcelle sautille dans sa cuisine, mime la semeuse. On relève les pans du tablier, tenus aux coins par la main gauche, on met dans la panse ainsi obtenue une bonne dose de grains, on y plonge la main droite, pour prendre un poing de concassé que l'on jette en laissant filer entre les doigts, circulairement. Quoique la vie de paysan, à bien y réfléchir… On dit qu'ils sont costauds, que le grand air ceci, cela, mais ils crèvent comme les autres, au bout du compte. C'est surtout la nature, qu'elle regrette. Participer au mouvement des saisons, apercevoir les toutes premières primevères, les chatons, voir jaunir puis tomber les feuilles... et tous les états d'âmes qui vont avec. En vieillissant, son côté fleur bleue est resté, mais aujourd'hui, elle fait la cueillette dans son jardinet. Après tout, il est beau aussi, le jardin ! Même moins vaste et sauvage que les collines du côté de la rivière où elle a planqué ses confidences de jeunesse... C'est surtout ça qui compte.

Si elle avait eu des enfants, elle les aurait souvent emmenés dans ces parages. C'est tellement calme, là-bas. Elle leur aurait appris à capturer les grenouilles, et même les libellules avec un filet. Elle leur aurait confié tous ses secrets, toutes les choses qu'elle avait murmurées, jadis, aux arbres et aux ronciers. Les initiales entrelacées gravées dans les troncs... non, ça c'est impossible, les arbres doivent être morts, depuis. Ou alors les lettres complètement déformées. Tiens, il faudra qu'elle aille y jeter un œil, à l'occasion. Où sont-ils, déjà, ces arbres ? Elle ne s'en souvient plus. De toute façon, les gosses ne l'auraient pas crue.

Si elle avait eu des enfants… elle serait même grand-mère, à l'heure qu'il est !

Marcelle ouvre la fenêtre qui donne sur la rue et se penche. Pourvu que Léopold ne tarde pas trop. Son cœur tape un peu. Elle s'étonne. Elle sourit et se moque d'elle-même.

Le mariage avec Félix n'avait rien donné. Voilà ce qui arrive, quand on se laisse imposer le mari ! Un type aisé, certes, avec une situation… pff ! Si elle avait su. Oh, le bistrot n'était pas une mauvaise affaire, sauf que Félix en avait été, hélas, le meilleur client !

La cuisine sent bon la soupe. Et puis elle va aussi préparer des frites. Des grosses frites bien épaisses, croustillantes sur le dessus et tendres à l'intérieur. Avec des œufs, et une tranche de jambon à la poêle…

Sur le buffet, il y a une photo ovale dans un cadre doré. Félix, encore jeune homme, avec un beau costume et des chaussures cirées. « Ce qu'on avait l'air bête », fait-elle pour elle-même. Elle saisit le cadre, souffle sur la vitre, essuie avec le coude et le range dans un tiroir. Félix s'était mis à boire peu de temps après leurs épousailles. Il passait son temps à tenir le crachoir aux poivrots, tandis que Marcelle entretenait la maison et menait l'affaire rondement. On lui disait toujours, au Félix, qu'il avait bien de la chance d'avoir trouvé une femme comme ça. Des Marcelle, il n'y en avait pas quarante dans le pays ! En fait, les gens étaient un peu moqueurs, un peu envieux, comme toujours. Vu la réputation de la jeune femme, on pouvait penser que les qualités qu'on lui reconnaissait avant tout n'étaient pas forcément celles de la parfaite maîtresse de maison… On aurait bien pris la place de Félix sous l'édredon, de temps en temps ! Quant aux femmes, elles critiquaient en douce, jalouses, en disant que c'était avec son cul qu'elle avait trouvé sa situation. Marcelle n'a jamais été dupe. S'*ils* savaient, tous… les noces de Félix et Marcelle n'ont jamais brûlé les draps, loin s'en faut. Félix manifestait davantage d'intérêt pour le picrate que pour sa femme. De plus, celle-ci n'a pas mis beaucoup de cœur à l'ouvrage. Sa tête était ailleurs, le pauvre Félix le sentait bien. Elle n'en a jamais parlé à personne. Jamais. Leurs corps ont vieilli séparément.

Si Marcelle avait fini par reléguer la plupart de ses souvenirs de jeunesse aux oubliettes, elle n'avait pu effacer de sa mémoire l'image de Léopold. Pas complètement. Toujours un pincement, lorsqu'elle l'apercevait, de loin en loin. Lorsqu'à travers les rideaux de son troquet, elle le voyait chaque soir entrer chez Jeannot, en face. C'est curieux, comme il était resté là, en elle, après toutes ces années. Elle ne l'avait pas aimé plus fort ou différemment… Mais lui, Léopold, il restait là. Elle se souvenait de ses mains si baladeuses, des mots doux qu'il lui glissait à l'oreille, et de ces vagues qui couraient le long de son dos quand il l'embrassait. Toujours retenu, toujours timide. Elle avait attendu patiemment qu'il lui fît les propositions les plus osées… elle aurait accepté, bien sûr ! Tout son corps en brûlait, à cet âge-là, tu parles ! Voilà pourquoi elle s'était impatientée, elle s'était envolée. « Un de perdu… », disait sa mère.

Plus tard, Marcelle laissera sa virginité dans les bras de Francis, puis elle fera l'amour avec d'autres hommes… Pas difficile de trouver un amant, quand tu tiens un troquet et que ton mari est toujours rond comme un boulon ! Mais plus que jamais, dans son cœur, Léopold occupait la place de choix. Elle pouvait bien se l'avouer, maintenant.

LÉOPOLD PASSA tout l'après-midi dans son atelier. Un peu perdu, un peu ailleurs. Il balaya les copeaux et la sciure, rangea quelques planches, quelques pièces de bois qui traînaient, occupant ses mains pour s'occuper la tête. Il jeta dans une caisse les chutes de la tête de cheval. Il sourit en pensant aux piaillements de Julie. Et au sourire de Pauline !

Dans le jardin poussaient des œillets. Des blancs et des roses. Léopold en cueillit quelques-uns pour Marcelle.

Il sortit de sa maison, ferma à double tour.

Perdu très à l'intérieur de lui-même, il traversa la rue.

Il n'entendit même pas l'autoradio crachant à fond de la musique, ni le klaxon hurlant la *Cucaracha,* ni le crissement aigu des pneus de la voiture de Bouboum.

Dans la même collection

Les textes de la collection Terre de poche nourrissent la mémoire collective à travers des histoires fortes, des récits de voyage, des documents historiques ou des chroniques intimes.

AGUILLON Arlette
La Maîtresse du moulin
Le Puits aux frelons

AMOUROUX Henri
La Vie des Français sous l'Occupation

ANGLADE Jean
Le Chien du seigneur

ARNAUT Robert
Les Corneilles blanches

AUBARBIER Jean-Luc
Les Démons de sœur Philomène

AUDIDIER Robert
Les Sentiers de traverse

AUJOULAT Noël
Le Village perdu

BÉLARD Paul
Moissons d'enfance

BESSON André
La Grotte aux loups
Folle Avoine

BOBÈCHE Adrien
La Fille de la meunière

BOUDOU Josette
Les Grillons du fournil
La Maison d'école

BOURRET Johan
Dans la gueule du loup

BOUSSUGE Micheline
La Maison d'Anaïs

BRIAND Charles
Le Seigneur de Farguevieille

CAPPEAU Marie Nicole
La Mule blanche
Chantemerle

CASTELAIN Anne-Marie
Le Loup des marais
Les Amours de Louise

CLÉMENT-MAINARD Michelle
La Foire aux mules

CORNAILLE Didier
Le vent des libertés soulevait la terre

Le Forgeron d'Éden
Le Vol de la buse

COSMOS Jean
La Dictée

DECK Olivier
L'Auberge des Charmilles
Les Rumeurs du Gave
Cancans
Les Chopines

DELPASTRE Marcelle
Les Chemins creux
Cinq heures du soir
Proses pour l'après-midi

DODANE Michel
*Les Herbes noires (Les Enfants de la Vouivre**)*
*La Malédiction des Mouthier (Les Enfants de la Vouivre***)*

DOURIAUX Hugues
La Saison des vendanges (Les Gens de la Paulée)*
*Le Bois des Auriottes (Les Gens de la Paulée**)*
*Les Temps d'orage (Les Gens de la Paulée ***)*
Le Temps des loups

DUBOIS Yvonne
Couleur de terroir
La Vallée des cyclamens

DUFOUR Hortense
La Fille du saulnier
Ce que l'océan ne dit pas
Au vent fou de l'esprit

DUPUY Daniel
Les Quatre Jeudis
Fontcouverte

DUTRONC Robert
La Maison des Chailloux

FRONTENAC Yvette
La Soupe des autres
Les Années châtaignes

GAGNON-THIBAUDEAU Marthe
La Boiteuse

GAMARRA Pierre
Le Maître d'école

GENEVOIX Maurice
Le Jardin dans l'île

GÉRAUD Roger
Le Pré derrière la grange
Les Vaches rouges

GLEIZE Georges-Patrick
Le Sentier des pastelliers
Le Destin de Marthe Rivière
Le Chemin de Peyreblanque
Le Temps en héritage

GRIFFON Robert
Le Bedeau de la République
Au bonheur du pain

JAILLER Isabelle
La Ferme des hautes terres

JEURY Michel
Le Crêt de Fonbelle

JUDENNE Roger
Drôle de moisson
Les Bons Jours

LABORIE Christian
L'Arbre à pain
L'Appel des drailles

LAFAYE Claude
La Maison de l'espoir

LEMAIRE Philippe
Le Chemin de poussière
Les Vendanges de Lison

MALROUX Antonin
La Noisetière

MAMÈRE Noël
*Le Combat des humbles (Gens de Garonne**)*
*La Malédiction des justes (Gens de Garonne ***)*

MAXIMY (DE) Hubert
Le Bâtard du Bois noir

MAZEAU Jacques
Le Pré aux corbeaux
De l'autre côté de la rivière
La Malédiction de Bellary

PALET (DE) Marie
Amandine
Les Terres bleues

PÉLISSIER Patrice
L'Ange et le Loup

PEYRAMAURE Michel
Les Flammes du paradis

POURRAT Henri
et L'OLAGNE Jean
Sur la colline ronde

PINCE Jacques
Les Blouses grises
Tustou et Marie

PLAIT Annie
Les Longues Saisons

PLUCHARD Mireille
Le Petit Bâtard

QUEREILLAHC Jean-Louis
Trois Sillons de terre rouge
Rouge est ma terre

ROSSET Jean
Les Porteurs de terre

ROUANET Marie
Quatre Temps du silence

ROYER Roger
La Colombière

SABOURIN Pierre
La Terre des coteaux

SAND George
Contes d'une grand-mère
Contes d'une grand-mère (suite)

SOURY André
Le Pain blanc

SOYEZ Jean-Marc
Julia

STARASELSKI Valère
Nuit d'hiver

TAMAIN Louis
L'Encre violette
Le Temps de l'école
Médecin de campagne

THIROLLE Jérôme
Les Doigts d'or d'Élise

TOUATI Claude-Rose et Lucien-Guy
Une maison dans les herbes

VERRIER Michel
Le Mystère de Millepertuis
Le chien qui faisait peur au diable

VINCENT Claude
Quatre pieds de terreau

VITTÉ Louis-Olivier
La Vallée des illusions